Echolot

Meer für alle Sinne!

Es plätschert, wogt und kräuselt sich. Manchmal wütet es auch, braust, donnert, schreit den Himmel an und schleudert ihm seine Gischt entgegen. Dann wieder ist es sanft und leise, bisweilen von unergründlicher Tiefe und verheißungsvoll.

DAS MEER.

Für den einen ist es das Synonym für den Traumurlaub, für andere Zuhause, Nahrungsspender und überlebenswichtige Quelle für den Broterwerb.

DIE SEE.

Sie inspiriert Menschen zu faszinierender Kunst, zu fabelhafter Literatur und zu unfassbaren Leistungen auf und unter dem Wasser. Sie ist die Bühne für große Abenteuer oder kleines stilles Glück. Sie lässt alle unsere Sinne tanzen.

DER OZEAN.

Er steht am Scheideweg, ist als tragende Säule allen Lebens auf Erden gefährdet wie nie zuvor. Es ist an der Zeit, den Ozeanen und ihren Bewohnern zur Seite zu stehen, damit wir auch morgen noch von ihrer Kraft tanken können. Die Weltmeere sind unsere Verbündeten. Und wir sollten die ihren sein. Wir stellen in dieser ersten Edition der *Ocean Lovers* Menschen vor, die das Meer auf ganz unterschiedliche Weise umarmen. Ihre Geschichten sind wie das Meer selbst: stark, einzigartig, mitreißend und magisch.

Viel Freude bei diesem Bild- und Lesetörn übers Meer wünschte Euch Ocean Lovern

Tatjana Pokorny,
Editor

KAI LENNY

Der mit den Wellen tanzt

»Gleich nach dem Surfen ist das Fliegen für mich das Schönste«, sagt Kai Lenny. Wie gut, dass er auf seinen Surf-Boards beides ideal miteinander verbinden kann. Bei seinen Verbündeten, den Wellen der Weltmeere, bedankt sich der Big-Wave-Surfer gern so: »Danke, dass ihr mich zum Mond mitnehmt.« Dass er auf Hawaii geboren wurde, erscheint angesichts seiner Sonderklasse einfach logisch. Er nennt gleich mehrere Weltmarken seine Sponsoren und hat sich den Zuspruch von unter anderem mehr als 500.000 Followern bei Instagram mit fantastischen Sprüngen als Windsurfer, unwiderstehlichen SUP-Ritten und Weltmeistertiteln in Serie verdient. Weil er so viele Sportarten in seinem Element Wasser liebt und selbst auch neue Trends wie das Wingsuit-Surfen auf einem Foiler mitprägt, wünscht er sich manchmal, dass »es gleich fünf von mir gäbe«. Durchgestartet ist der Supermann des Surfsports bereits im Alter von sechs Jahren. Nach der Schule ging es erst aufs Meer, dann an die Hausaufgaben. Was er da draußen in Wind und Wellen findet? »Die große Freiheit!«

NICO KRAUSS

Der das Meer einfängt

Im Anschluss an ein Shooting für Europas größte Segelzeitschrift *Yacht* nahm sich Fotokünstler Nico Krauss eine Woche Auszeit im VW-Bulli auf Sardinien. An der Korallenküste von Alghero wollte er »schauen, was das Meer so macht«. Dabei ist diese gemäldeartige Studie der unbändigen Natur entstanden. »Das Auge kann gar nicht mit einem Blick erfassen, was die Kamera hier mit langer Belichtungszeit geschafft hat«, sagt der als einer der ausdrucksstärksten Fotografen der maritimen Welt bekannte Hamburger. Sein Leitspruch »Das einzig Stabile ist die Bewegung« findet in der Mittelmeer-Dynamik seine Vollendung. Seine Arbeiten sind daheim in der Galerie Wasserzeichen zu bewundern, wo er auch limitierte Drucke, Bücher und Kalender verkauft. Wenn er gerade nicht irgendwo auf der Welt das Meer einfängt, dann könnte man ihn auch im Studio oder beim fotografischen Menschenstudium antreffen.

LUDOVICO EINAUDI

Der für die Arktis kämpft

Inmitten berstender Eisschollen und klirrender Kälte erklingt eine leise Klaviermelodie. Kein Geringerer als Starpianist Ludovico Einaudi protestierte auf diese eindringliche Weise vor der imposanten Kulisse des Wahlenbergbreen-Gletschers gegen die Zerstörung der Arktis. Die Bilder seiner musikalischen Demonstration gingen um die Welt. Sie entstanden auf einem zehn Meter hohen künstlichen Eisberg, der auf einem schwimmenden Ponton durchs Eis glitt, während der 1955 in Turin geborene Musiker spielte. Greenpeace hatte damit an die OSPAR-Kommission appelliert, im arktischen Revier des Atlantiks ein Schutzgebiet zu errichten. Das Stück *Elegy for the Arctic* (dt.: *Elegie für die Arktis*) hatte der Meister für seinen eisigen und doch so erwärmenden Auftritt selbst komponiert. Sein Appell damals wie heute: »Es ist von Bedeutung, dass wir verstehen, wie wichtig die Arktis für uns ist. Dass wir die Zerstörung beenden und dieses Gebiet schützen.«

OCEAN LOVERS N°1

Impressum

Bibliografische Information der Deutschen Nationalbibliothek
Die Deutsche Nationalbibliothek verzeichnet diese Publikation in der Deutschen Nationalbibliografie; detaillierte bibliografische Daten sind im Internet über http://dnb.dnb.de abrufbar.

1. Auflage
ISBN 978-3-667-11243-9

Text und Redaktion: Tatjana Pokorny
Lektorat: Birgit Radebold
Coverfoto: Guillaume Néry
Titelrückseite: Benjamin Lee / EyeEm/Getty Images
Innenseiten: S. 2 Henrique Casinhas/NurPhoto; S. 4 Nico Krauss; S. 6 Pedro Armestre/Greenpeace Spain; S.10–24 Daniell Bohnhof (8); S. 27 Dan Smith/Allsport; S. 30 Colin Davey/Getty Images; S. 32–35 Movie Production Company / laif (3); S. 37 Yagazie Emezi / Sea Shepherd; 38 Marianna Baldo / Sea Shepherd Global; S. 40 Simon Ager / Sea Shepherd Global; S. 42 Sea Shepherd Global; S. 44 Privat; S. 45+46 Simon Ager / Sea Shepherd Global (2); S. 48 Sea Shepherd Global; S. 50 Tara Lambourne / Sea Shepherd Global; S. 52–55 Lukas Müller (2); S. 56 William Winram; S. 58–61 Andrea Marshall (2); S. 62 Uli Kunz; S. 65 William Winram; S. 66 Martin Keruzore/Volvo Ocean Race; S. 68 Eloi Stichelbaut/Dongfeng Race Team; S. 71 Ainhoa Sanchez / Volvo Ocean Race; S. 73 Pierre Crom/Getty Images; S. 74+75 Corinna Halloran / Team SCA / Getty Images; S. 78 Ainhoa Sanchez/Volvo Ocean Race; S. 79 Privat; S. 80+81 Adobe Stock; S. 82 Jürgen Bauer; S. 87 Ullstein Verlag, Berlin; S. 87 Wolfgang Kumm/dpa; S. 89 Paul Zinken/dpa; S. 90 Yann Riou; S. 92 Andreas Lindlahr; S. 94 Quin Bisset; S. 95 Andreas Lindlahr; S. 96–99 Jen Edney (3); S.101+102 Andreas Lindlahr; S. 104 Ricardo Pinto; S. 106 Jillian Schlesinger; S. 109 Matthias Garvelmann; S. 111 Jillian Schlesinger; S. 112 And then We Swam; S. 115 Timothy Wheeler; S. 116 Tjerk Romke deVries; S. 119 Yvan Bourgnon; S. 120 Kirstin Scholtz / Word Surf League via Getty Images; S. 122 imago/Icon SMI; S. 124 Andrey Kuzmin/Adobe Stock; S. 127 Michal Bednarek/ Getty Images; S. 128 Olivier Morin/AFP/Getty Images; S. 130 Michael Bader / Int. Ocean Film Tour; S. 130 Fabiano Waewell/iStock/Getty Images Plus; S. 131 Sander Meertins/Adobe Stock; S. 132 Marko Roth / Int. Ocean Film Tour; S. 133 Linda Ambrosius / Int. Ocean Film Tour (2); S. 134 Paul Rothenburg / Int. Ocean Film Tour; S. 135 Johannes-Maria Schlorke; S. 135 Ozeaneum Stralsund; S. 136 Guillaume Néry; S. 139 Jaques Ballard; S. 141 Julien Borde; S. 142+144 Jaques Ballard; S. 146+149 Guillaume Néry; S. 150 WSL / Poullenot; S.152+153 WSL / Cestari (2); S. 154 imago images/Pacific Press Agency; S. 155 Stefano Dalle Luche/imago images / Pacific Press Agency; S. 155 Mark Metcalfe/Getty Images; S. 156 o. Design: Snohetta, Images: Plomp; S. 156 u. »Wind Dancer« 2018 – Laminated float glass, cast concrete and bronze. © Ben Young; S. 158 Jason deCaires Taylor / Museo Atlántico Lanzarote; S. 160 Privat; S. 160 YACHT/S. Reineke

Dankeschön – Thank you!
Im Namen aller Ocean Lovers möchten sich Verlag, Herausgeber und Crew bei jenen bedanken, die zum Erfolg dieses Buches beigetragen haben. Ihr seid wundervoll! Wir haben uns selbstverständlich bemüht, alle Bildrechte abzuklären, doch es haben sich nicht alle Rechteinhaber zurückgemeldet. Berechtigte Ansprüche sind gegebenenfalls an den Verlag zu richten.
In the name of all Ocean Lovers, the publisher, the publishing editor and the crew sincerely thank everyone who contributed to the success of this book. You are wonderful! Of course, we made every effort to clarify all image rights, but not all copyright holders have replied. Qualified claims can therefore be addressed to the publisher.
Umschlaggestaltung und Layout: Felix Kempf, fx68.de
Lithografie: Mohn Media, Gütersloh
Druck: Gugler GmbH, 3390 Melk/Donau, Österreich
Printed in Austria 2020

Delius Klasing Verlag
Siekerwall 21, D - 33602 Bielefeld, Tel.: 0521/559-0, Fax: 0521/559-115
E-Mail: info@delius-klasing.de, www.delius-klasing.de

Angaben zum Druck:
Cradle to Cradle™ ist der höchste Standard für Öko-Effektivität. Darunter versteht man das intelligente Produzieren nach dem Vorbild der Natur. Alle Cradle to Cradle™-Produkte werden so designed, dass sie am Ende Ihres Lebenszyklus wieder in biologische oder technische Kreisläufe zurückfließen können. Sämtliche Inhaltsstoffe der Cradle to Cradle™-Druckprodukte wurde von Umweltforschern auf Ihre Umwelt- und Gesundheitsverträglichkeit überprüft und speziell für umfassendes Recycling bzw. Kompostierung entwickelt. Cradle to Cradle™ ist die höchste Qualitätsstufe im ökologischen Druck und damit sind diese Produkte auch automatisch klimapositiv gedruckt um einen ganzheitlichen Mehrwert für die Umwelt zu leisten.
Mit diesem Buch erhalten Sie ein für den biologischen Kreislauf optimiertes und für die Gesundheit unbedenkliches Druckprodukt. Alle Inhaltsstoffe der Cradle to Cradle™ Druckprodukte wurden erstmals in Zusammenarbeit mit wissenschaftlichen Instituten analysiert, ausgewählt und weiterentwickelt, sodass sie optimal für Mensch und Umwelt sind. Gedruckt wird in Österreich auf Papier aus nachhaltiger Forstwirtschaft mit speziell konzipierten Pflanzenölfarben, die garantiert frei von Bisphenol A, VOC, CMR und Mineralölen sind und bei deren Verbrennung kein toxischer Abfall und Dioxin verursacht wird. Dieses Buch ist gut für Sie und für die Umwelt!

SILVER
Höchster Standard für Ökoeffektivität. Cradle to Cradle™ zertifizierte Druckprodukte innovated by gugler*.

greenprint* klimapositiv gedruckt

MIX Papier aus verantwortungsvollen Quellen FSC® C005108

Gedruckt nach der Richtlinie „Druckerzeugnisse" des Österreichischen Umweltzeichens. gugler* print, Melk, UWZ-Nr. 609, www.gugler.at

Michael Walther

Der grüne Jung von der Waterkant

Michael Walther ist Umweltaktivist, Segler, Surfer, Kiter und SUP-Extrempaddler. Aufgewachsen auf Norderney, ist zwar die Nordsee das geliebte Heimatrevier des Ostfriesen, doch im Visier hat der heute in Kiel lebende Projektmanager bei seinen Engagements sämtliche Meere des Planeten

FALCON AIR
FANATIC

»Wir sind die erste Generation, die die Auswirkungen des Klimawandels bereits zu spüren bekommt und die letzte, die etwas dagegen tun kann«

Mit diesem berühmten Zitat des ehemaligen US-Präsidenten Barack Obama spricht Michael Walther nicht nur die Leser der Website für seine Kampagne »Zero Emissions« an, sondern nimmt es auch persönlich. Seine Antwort: »Wir sollten jetzt damit beginnen.«

Den Startschuss für sich selbst hat er schon 2008 gegeben. Seitdem setzt der Jung von der Waterkant, der auf der ostfriesischen Insel Norderney umarmt von der Nordsee groß geworden ist, mit verschiedenen Partnern, Stiftungen und Instituten Projekte um, die vor allem zwei Ziele verfolgen: Zum einen sollen die Möglichkeiten und Chancen klimafreundlicher Technologien ins Rampenlicht gerückt werden. Zum anderen geht es um die Mobilisierung möglichst vieler Menschen und ihres Verständnisses dafür, dass Klimaschutz in weiten Bereichen »eine Frage des Wollens und nicht des Könnens ist«.

»Ich habe gemerkt, dass der Klimawandel für viele Menschen im Gegensatz zum Thema Plastikmüll zu abstrakt ist und sich oftmals unsichtbarer vollzieht«, erklärt Michael Walther, der im Berufsleben Unternehmen berät. Der multitalentierte Wassersportler sagt: »Plastikmüll kann man aufheben, im wahrsten Sinne des Wortes begreifen. Also habe ich mir überlegt, was man tun kann, damit den Leuten das Thema Klima-

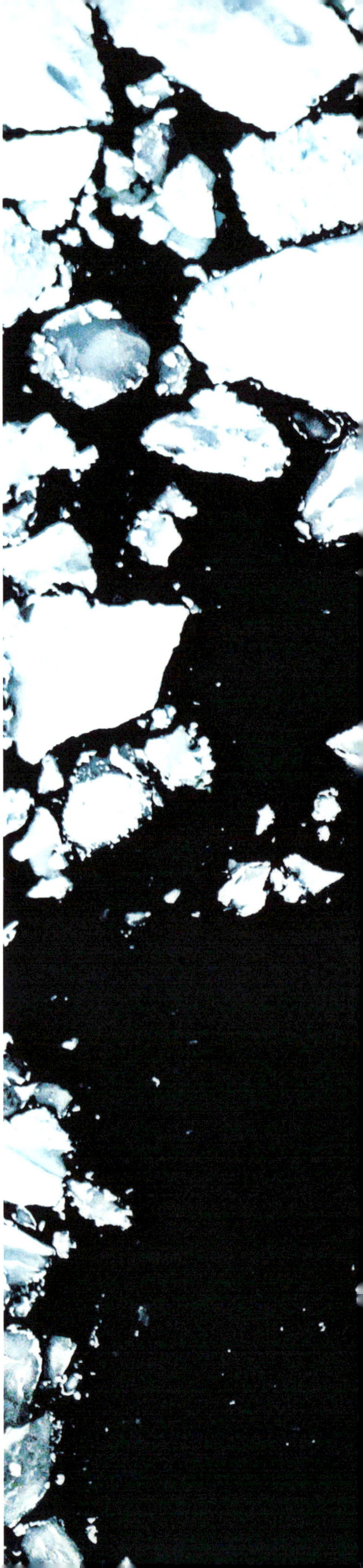

Im Eis ein Zeichen gesetzt: Michael Walther

wandel klarer wird. Und darüber nachgedacht, wohin man fahren könnte und wo es Sichtbares zum Thema gibt.«

Diese Gedanken mündeten 2016 in einer Aufsehen erregenden Grönland-Expedition. Drei Jahre später wurde der auf dieser Reise entstandene Beitrag *The Great Route – Reise durch den Klimawandel* beim Naturfilm-Festival Green Screen als »Bester Kurzfilm 2019« mit dem Publikumspreis ausgezeichnet. Wichtiger als die Ehrung aber ist für Michael Walther, dass er seine Reiseerfahrungen mit vielen Menschen teilen kann. Und das am liebsten ohne erhobenen Zeigefinger, sondern als Mensch wie du und ich. Mit frischen Ideen, ungewöhnlichen Aktionen und großem Talent zu Motivation und Mobilisation.

Herr Walther, warum haben Sie sich im Rahmen Ihrer Kampagne »Zero Emissions« für eine Reise nach Grönland entschieden?

Natürlich hätte sich vor allem die Antarktis für eine Expedition auf Spurensuche im Rahmen des Klimawandels angeboten. Doch so eine Reise hätte so etwa das Zehnfache gekostet und den 50-fachen CO_2-Ausstoß verursacht. Grönland war einfacher erreichbar, der Flug kürzer. Und unglücklicherweise lassen sich auch dort die Folgen des Klimawandels sicht- und greifbar machen.

Was war Ihr Ziel bei dieser Reise?

Ich wollte dem Klimawandel mit unserem Projekt ein Gesicht geben und mir einen eigenen Eindruck verschaffen, wie sich der Wandel vollzieht. Um das zu tun, muss man natürlich entweder mehrmals hinfliegen oder mit Menschen vor Ort reden, die den Wandel selbst erleben. Wir haben dazu mit älteren Jägern und Fischern gesprochen. Im Film taucht beispielsweise Valdemar Petersen auf. Der Grönländer hat die Entwicklungen der letzten Jahrzehnte hautnah mitbekommen. Er war bei unserem Besuch 84 Jahre alt, ein Jäger, der uns auch altes Filmmaterial zur Verfügung stellen konnte, etwa aus den 1970er-Jahren und inklusive seltenerer Luftaufnahmen. Damals gab es ja noch keine Drohnen. Die alten Filme zeigen ihn beim Jagen. Und dann sieht man ihn mit Bildern von sich von früher in seinem heutigen Wohnzimmer sitzen und erzählen. Für uns war Valdemar Petersen ein Glücksfall.

Wie hat er die Situation beschrieben?

Für die Jäger wird es immer schwerer, weil das Eis sie im Frühjahr nicht mehr trägt, aber andererseits zu dick ist, um mit einem Boot auf die Jagd zu gehen – das haben wir nicht nur von ihm gehört. Die Übergangsphasen werden länger. Und es ist ja bekannt, dass die brüchige Eisdecke auch Eisbären zu schaffen macht.

Wie lange hat Ihre Reise mit dem SUP-Board und einem alten Begleitboot gedauert?

Insgesamt rund drei Wochen. Dazu kommen eineinhalb Jahre Planungsphase. Ich habe vieles vorbereitet, aber nur das wenigste ist wie geplant verlaufen.

Was lief schief?

Ich habe acht Wochen vor der Reise zwei Pakete mit Ausrüstung von Kiel nach Grönland hochgeschickt, die aber nie angekommen sind. Die sind erst Ende Juli wieder in Kiel angekommen. Erfreulicherweise konnte mir Fanatic schnell noch ein passendes Board zuschicken, von dem ich allerdings die Finne in Kiel vergessen habe. Die habe ich mir dann vor Ort aus einem Stück Holz selbst geschnitzt, weil die Dichte von Surf-Shops in Grönland bekanntlich nicht so hoch ist.

Wer hat Sie auf der Reise begleitet?

Der Filmemacher Maximilian Stolarow, der Fotograf Daniell Bohnhof und der einheimische Fremdenführer Martin Amby, im normalen Leben ein Gefängniswärter. Die drei waren in einem Begleitboot dabei, mit dem ich kaum über die Kieler Förde fahren würde, so alt und klapprig war das. Man konnte von innen sehen, wie das Wetter draußen war, weil der GFK-Rumpf so dünn war. Die Bilder davon habe ich meiner Frau erst nach der Reise geschickt …

Auf welcher Route sind Sie gepaddelt?

Wir waren an der eher entlegenen grönländischen Westküste unterwegs und sind der historischen »Great Route« von Aasiaat zum Ilulissat-Eisfjord gefolgt, die vor uns schon die Inuit bereist haben. Unser Ziel war das UNESCO-Welterbe mit dem Sermeq-Kujalleq-Gletscher. Dort wollten wir die Auswirkungen des Klimawandels in den nördlichen Polarregionen dokumentieren, verfilmen und auf den notwendigen Meeresschutz aufmerksam machen. Ich denke, das ist uns gut gelungen. Es waren insgesamt rund 100 Kilometer.

Konnten Sie die Strecke ungehindert durchpaddeln?

Nein. Wir sind aufgrund von starkem Eisgang ver-

»Ich wollte dem Klimawandel mit unserem Projekt ein Gesicht geben und mir einen eigenen Eindruck verschaffen, wie sich der Wandel vollzieht«

FANATIC

»Es gab zwei-, dreimal Situationen, in denen wir im Eis hängengeblieben sind. Solange man über normale kleine Eisschollen redet, ist das aber kein Thema«

spätet losgekommen und waren insgesamt deutlich länger unterwegs als geplant. Die ersten Kilometer mussten wir mit dem Hundeschlitten zurücklegen, weil das viele Treibeis den Hafen verstopft hatte.

Hatten Sie gefährliche Momente zu meistern?

Es gab zwei-, dreimal Situationen, in denen wir im Eis hängengeblieben sind. Solange man über normale kleine Eisschollen redet, ist das aber kein Thema. Große Eisberge können für ein Boot gefährlich werden. Aber die wiederum bewegen sich mit nicht mit mehr als 0,1 Knoten, weshalb man sie im Gegensatz zu den kleinen Eisschollen gut einschätzen kann. Zwischendurch mussten wir schon mal mit einer Eisenstange die Eisschollen wegschubsen, um weiterzukommen. Es ging vor allem darum, ob wir in absehbarer Zeit wieder an Land sind. Wir hätten auch mal zwei, drei Tage im Eis steckenbleiben können. Das wäre aber eine kalte und hungrige Angelegenheit geworden, weil wir nicht so viel dabeihatten. Es kam auch vor, dass ich durch einen kleinen Kanal im Eis durchgepaddelt bin. Und ehe das Boot dann wieder bei mir war, hatte sich das Eis so verschoben, dass es kein Durchkommen mehr gab. Dann musste ich mir halt mein Bord schnappen und von Eisscholle zu Eisscholle zum Boot zurückhüpfen. Das kann unangenehm sein und fühlt sich komisch an, beinahe wie ein »Jump-and-run«-Computerspiel.

Wie haben Sie sich bei minus 15 °C gegen die Kälte geschützt?

Ich habe einen Secumar-Überlebensanzug getragen und einen Spot-Tracker mit Notfalltaste dabei. Im Übrigen halte ich das SUP-Paddeln vor Grönland für weniger gefährlich als das Leben in den meisten Städten. Was soll passieren, wenn die nächste Insel nicht weiter als 500 Meter entfernt liegt? Für meine Begleit-Crew war es anders: Die hatten keine Überlebensanzüge und bewegten sich kaum, denen war kälter. Sie mussten ihre Drehs deswegen oft unterbrechen, während ich mich warmpaddeln konnte.

Wie haben Sie die Expedition finanziert?

Teilweise mit externer Hilfe wie durch die Unterstützung von Fanatic, Secumar oder die Messe boot Düsseldorf. Ich habe auch meinen A-Kat verkauft; als ich im Juli wieder heimkam, stand mein Konto bei Null. Es ist mehr privates Geld reingeflossen als ich gedacht hatte, ein fast fünfstelliger Betrag.

Hat es sich gelohnt?

Definitiv! Wir haben unfassbar schöne Natur erlebt und die Folgen des Klimawandels vor Ort beobachten und dokumentieren können.

Mit dem entstandenen und inzwischen preisgekrönten Film gehen sie an Schulen und zu Veranstaltungen und klären auf. Wie reagieren Ihre Zuschauer und Zuhörer?

Ich gehe besonders gern an Schulen, weil ich denke, dass man bei Jugendlichen noch viel Einfluss nehmen kann. Sie werden noch am längsten auf der Erde leben. Mein Gedanke ist, dass ich da langfristig etwas erreichen kann. Als wir im Mai 2018 nach Grönland flogen, war die Fridays-for-Future-Bewegung noch kein Thema. Ich habe nie damit gerechnet, dass so viele Jugendliche Bock haben, auf diesen Zug mit aufzuspringen und tatsächlich etwas gegen den Klimawandel zu tun. Ich selbst bin ja auch nicht aufgesprungen, sondern werbe seit elf Jahren für eine Reduzierung von CO_2-Emissionen.

Wie viele andere Pro-Klima-Kämpfer sind auch Sie in den sozialen Netzwerken verächtlichen und teilweise aggressiven Kommentaren ausgesetzt. Wie gehen Sie damit um?

Eines ist klar: Ich würde mich sicher am wenigsten angreifbar machen, wenn ich einfach zu Hause auf dem Sofa liegenbliebe. Aber das geht eben nicht. Wir müssen etwas tun, wenn unser Planet auch für die nächsten Generationen noch lebenswert sein soll.

»Eines ist klar: Ich würde mich sicher am wenigsten angreifbar machen, wenn ich einfach zu Hause auf dem Sofa liegenbleibe. Aber das geht eben nicht. Wir müssen etwas tun, wenn unser Planet auch für die nächsten Generationen noch lebenswert sein soll«

Im Gespräch mit den Einheimischen erfuhr Michael Walther, wie deutlich sich der Klimawandel vor Ort auswirkt

An manchen Tagen setze ich mich mit Hass-Kommentaren im Netz sehr nachhaltig auseinander, an anderen lasse ich es einfach.

Was hat Sie dazu gebracht, sich im Kampf gegen den Klimawandel einsetzen?

Ich denke, meine Motivation ist eine lebenslange Geschichte. Ich führe die meisten meiner Engagements auf den Grund zurück, aus dem ich einst auch Jura studiert habe: Es geht mir um Gerechtigkeit. Eine richtige Initialzündung, diesen einen magischen Moment, in dem alles losging, den gab es nicht. Aber ich habe als Elfjähriger mal einen Brief an Greenpeace geschrieben, weil meine Eltern immer die Enten aus dem Garten verjagten und ich das doof fand.

Und hat Greenpeace Ihnen geantwortet?

Ja, sie haben zurückgeschrieben, dass ich doch noch einmal mit meinen Eltern sprechen sollte. Meine Mutter hat die Karte noch. Womit diese kleine Geschichte wiederum zeigt, dass mir Gerechtigkeit wichtig ist. Ungerechtigkeit kotzt mich an. Es fängt damit an, dass wir der künftigen Generation die Chance auf ein vernünftiges Leben nehmen, wenn wir nichts tun. Das Gleiche regt mich auch in der Flüchtlingsfrage auf: Es ist doch reiner Zufall, dass ich in Deutschland groß geworden bin. Darüber kann ich froh sein, aber nicht stolz darauf. Ich habe ja nichts dazu beigetragen. Ich habe trotz dieses Bewusstseins jedoch mein Jura-Studium aufgegeben, weil das Prozessuale nicht so mein Ding ist. Ich berate beruflich Unternehmen in den Bereichen Kommunikation und Marketing. Daneben liegen mir Ökosysteme, Tierarten oder auch die kommenden Generationen am Herzen, weil sie alle sich nicht selbst verteidigen können.

Wie hat ihre Zero-Emissions-Kampagne 2008 begonnen?

Ich habe mit einem Freund, Thomas Reinke, auf einem Trimaran gesessen, und wir fanden im Gespräch, dass wir etwas unternehmen müssen. Also sind wir 2009 mit einem kleinen 30-Fuß-Katamaran ohne Heizung im Dezember auf Ostsee-Törn gegangen und haben alle Ostsee-Anrainer-Länder besucht, unser Thema von Land zu Land getragen und uns dort mit den Menschen ausgetauscht. Das Interesse war überraschend hoch. In den baltischen Staaten herrschte damals schon die Finanzkrise. Die Leute waren froh, einmal über etwas anderes sprechen zu können.

»Ungerechtigkeit kotzt mich an. Es fängt damit an, dass wir der künftigen Generation die Chance auf ein vernünftiges Leben nehmen, wenn wir nichts tun«

Sie haben das Thema dann beständig weitergeführt?

Ja. Bei wenig Zeit und wenig Geld weniger intensiv, dann wieder stärker. Es ist ja ein privates Projekt. 2013 habe ich beispielsweise die Paulchen Epseranza Stiftung miteinbezogen. Die Stiftung kümmert sich um Schulen und Waisenhäuser in Tansania, Sri Lanka und Argentinien. Bei solchen Themen ergeben sich hin und wieder witzige Diskussionen im Freundeskreis …

Welcher Art?

Warum ich so was mache, obwohl es so weit weg ist und es auch in Deutschland fördernswerte Projekte gibt. Inzwischen hat sich aber zumindest bei einigen herumgesprochen, dass Bildung der beste Schritt gegen Klimawandel ist. Vor allem bei Frauen und Mädchen ist es ein sehr sinnvoller Schritt, weil sie den meisten Einfluss auf das haben, was in ihren Ländern und in ihren Familien geschieht. Wenig anderes ist

»Es geht darum, Zeichen zu setzen, Möglichkeiten plakativ darzustellen, ins Gespräch zu kommen und zu inspirieren«

nachhaltiger als das. Ich habe mich damals mit der Stiftungsvorsitzenden lange unterhalten. Wenn die in die Länder fliegen, zahlen sie das alles selbst. Bei der Stiftung gibt es keine Abzüge für Verwaltung oder ähnliches. Ich habe im Lauf der Zeit 7.000 Euro für diese Stiftung gesammelt. Dafür kann man in solchen Ländern eine ganze Schule bauen. In Deutschland bekomme ich dafür vielleicht zwei Beamer.

Sie sind leidenschaftlicher Segler und leben in Kiel. Wie erleben Sie das Thema Plastikvermüllung in der Ostsee?

In der Ostsee ist es noch relativ harmlos, weil die Anrainer recht sauber sind und die Verbindung zu offenen Meeren gering ist. In Westerhever oder St. Peter Ording sieht es leider schon anders aus.

Im Mai 2019 haben Sie mit Ihrem SUP und Kite-Europameister Mario Rodwald Schleswig-Holstein emissionsfrei auf dem Wasserweg umrundet. Das Ziel?

Wenn man auf ein Thema wie den Klimawandel aufmerksam machen will, muss man nachvollziehbare Projekte initiieren und machen. Dazu muss man nur den Hintern hochkriegen. Das gilt für uns alle. Wir hatten das Ziel: Einmal ums nördlichste Bundesland zu kommen und damit zeigen, was emissionsfrei möglich ist.

Das bietet sich aber nicht als Reiseform für Jedermann an …

Nein. Das wissen wir natürlich. Es geht darum, Zeichen zu setzen, Möglichkeiten plakativ darzustellen, ins Gespräch zu kommen und zu inspirieren. Und wenn es zu ganz kleinen Schritten ist. Es darf Spaß machen, etwas für die Umwelt zu tun.

Was darf man von Ihnen und Ihrer Kampagne in naher Zukunft erwarten?

Ich bin dabei, mit Friedrich Deimann von GreenBoats in Bremen ein neues SUP-Board zu entwerfen, das komplett emissionsfrei aus Materialien wie Flachsfaser statt Glasfaser und Bioharzen statt normalen Harzen entstehen kann. Das Board soll aber so leicht, so schnell und so günstig sein wie herkömmliche SUPs. Wir wollen weg von diesem Negativ-Image, dass Bio automatisch auch immer teuer sein muss. Außerdem mache ich mir intensiv Gedanken darüber, wie das Thema Klima noch stärker und regelmäßiger in die Schulen getragen werden kann. Und zwar für alle Schüler. Eigentlich muss es ein Unterrichtsfach werden.

Ocean Lover

Michael Walther

Geboren
27. Februar 1981
Geburtsort
Varel (Friesland)
Wohnort
Kiel
Beruf
Projektmanager
Credo
»Umweltbewusstes Handeln darf auch Spaß machen.«

Tracy Edwards

Die Pionierin

»Sie war nicht dafür bekannt, jemals aufgegeben zu haben.« Diese Überschrift würde Tracy Edwards ihrem eigenen Leben geben. Mit der ersten Frauen-Crew im Whitbread Round the World Race stellte die Skipperin vor drei Jahrzehnten die Segelwelt auf den Kopf. Jetzt erinnert der packende Film *Maiden* an die Erstleistung der Britin, die für ihren Traum alles riskierte und heute noch unter Segeln für mehr Chancengleichheit zwischen den Geschlechtern kämpft

ROYAL JORDANIAN
الملكية الأردنية

Der Spruch »Sie hatte keine Chance, aber die nutzte sie« muss für Tracy Edwards erfunden worden sein.

Als die junge britische Schiffsköchin 1986 öffentlich ankündigt, dass sie bald schon eine Frauen-Crew im Whitbread Round the World Race unter Segeln um die Welt führen will, reagiert die männlich geprägte Segelwelt darauf, als hätte Julia Roberts Mike Tyson zum WM-Titelkampf im Boxen herausgefordert: herablassend, hämisch, sexistisch und teilweise sogar aggressiv. Der Gegenwind an Land erreicht phasenweise Sturmstärke zwölf, doch Edwards beugt sich nicht. »Ich musste es tun«, sagt sie damals wie heute. Warum? »Weil Frauen es wollen, aber Männer sagen, dass es nicht geht. Einer muss beweisen, dass es geht. So oder so.« Edwards' Pionierleistung, das muss man sich immer wieder vor Augen halten, liegt erst gut 30 Jahre zurück. Und doch ist heute kaum mehr vorstellbar, welche Widerstände die Seglerinnen damals zu überwinden hatten. »Es gab Presseberichte, in denen mir schon im Vorweg die Schuld dafür zugeschoben wurde, dass Frauen in dem Rennen zu Tode kommen würden.« Ein renommierter Journalist nennt Edwards' Boot respektlos »eine Dose voller Torten«. Dass er sich später korrigiert und die Beschreibung auf »ein Boot voll schneller und schlauer Torten« erweitert, macht es nicht wirklich besser, sondern lässt allenfalls eine Bemühung um Mäßigung erkennen. Die 24-jährige angehende Neu-Skipperin Edwards erhält Drohbriefe, der Rasen vor ihrem Haus wird mit Öl verseucht. »Es ist heute kaum mehr denkbar, wie unmöglich dieses Projekt damals vielen erschien. Ich meine, wir haben viel mehr erreicht, als wir zu der Zeit selbst begriffen haben.«

DIE WIDERSTÄNDE VON DAMALS SIND HEUTE KAUM MEHR VORSTELLBAR

Wer Edwards begreifen will, muss ihren Lebensweg kennen. In früher Kindheit wird sie von zwei liebevollen Eltern umsorgt und beflügelt. Die geliebte Mutter ist nicht nur eine anmutige Balletttänzerin, sondern zählt auch zu den ersten Frauen, die Gokart-Rennen fahren. Dabei hatte sie Tracys Vater kennengelernt, der ihr Ingenieur an der Rennstrecke war. Die Eltern haben ihr die Entschlossenheit »eingepflanzt«, erinnert sich Tracy an prägende Lehrstunden ihrer Kindheit. Ihre »magische Welt« in der beschaulichen Themse-Gemeinde Pangbourne bricht zusammen, als der Vater überraschend einem Herzanfall erliegt. Dieses Erlebnis verändert ihr Leben radikal. Tracy, erst zehn Jahre alt, lernt das Leben nun von einer anderen Seite kennen. Die Mutter versucht das Lautsprecher-Geschäft des Vaters fortzuführen, scheitert aber in der von Männern dominierten Arbeitswelt. »Am Ende wurde sie rausgedrängt«, erinnert sich die Tochter, die als junges Mädchen zunächst auf schmerzliche Weise vorgeführt bekommt, »dass Frauen in der Männerwelt nicht bestehen können«. Die Mutter heiratet wieder, verkauft das Zuhause und zieht mit dem Stiefvater und Tracy nach Wales. Der neue Mann an Mamas Seite ist Alkoholiker und neigt zu Gewaltausbrüchen. Aus dem stillen Kind wird ein wütender Teenager. Insgesamt 26 Mal wird sie in der Schule infolge von Fehlverhalten in den Arrestraum gesperrt und kassiert schließlich im Alter von 16 Jahren den Schulverweis. Die Mutter empfiehlt ihrer Tochter eine Rucksacktour durch Europa.

Später wird Edwards reflektieren, dass der Antritt dieser Reise zu sich selbst eine ihrer besten Entscheidungen war. Den Trip ihres Lebens beginnt sie ohne Schulabschluss oder andere hilfreiche Qualifikationen. Beim Jobben in einer Bar fühlt sie sich einsam und hat Heimweh, gibt dem inneren Verlagen nach Rückkehr zur Mutter aber nicht nach. Eines Abends stapft in der Marina von Piräus ein Skipper in

»Ich musste es tun«, sagt sie damals wie heute. Warum? »Weil Frauen es wollen, aber Männer sagen, dass es nicht geht. Einer muss beweisen, dass es geht. So oder so«

die Bar, der dringend nach einer Stewardess für seine Charteryacht sucht. Edwards ist wie elektrisiert, ergreift die Chance, stopft eilig ihre Habseligkeiten in den Rucksack und startet am nächsten Morgen durch: Es wird ein Aufbruch in ein ganz neues Leben. Der Törn nach Rhodos verläuft quälend für die Segelnovizin, denn sie hat erheblich mit der Seekrankheit zu kämpfen. Dennoch verspürt die junge Frau das gute Gefühl, endlich angekommen zu sein. »Wir waren auf diesem Boot eine Gruppe von Außenseitern. Alle liefen vor irgendetwas weg. Aber wir waren eine Familie.«

Auf ihrem ersten Transatlantik-Törn lernt sie Segeln und wird zum Ocean Lover. »Für mich war das die ganz große Freiheit. Ich ließ alles hinter mir, was seit dem Tod meines Vaters geschehen war«, erinnert sie sich an die glückliche Aufbruchszeit. Eines Tages fällt ihr im neuen Umfeld ein Buch über das Whitbread Round the World Race in die Hände. Sie weiß schnell, dass auch sie Teil dieses faszinierenden Rennens um die Welt sein will. 1973/1974 hat es erstmals stattgefunden. Als Edwards sich in seinen Sog liest, naht die vierte Auflage 1986/1987. Schon am nächsten Tag bittet sie beim Team auf der Atlantic Privateer um den Job als Köchin für das Rennen. Doch man schickt sie fort. Die Mannschaft will keine Frau an Bord. Nicht einmal als Köchin. Niedergeschlagen kehrt Edwards zurück zu ihrer Charter-Familie. Bei einem Zwischenstopp in Martha's Vinyard macht sie zufällig die Bekanntschaft von König Hussein von Jordanien, der als Charter-Gast an Bord weilt. Sie kommt ins Gespräch mit dem leidenschaftlichen Segler, der sie bestärkt und sagt: »Mit Glaube, Exzellenz und Courage ist alles möglich.« Edwards notiert sich diesen Satz auf einem Stück Papier. Der fortan wie ein Schatz gehütete Zettel wird sie später auf dem Törn um die Welt begleiten, doch zunächst macht er ihr Mut. Genügend, um noch einmal um den Job als Köchin im Whitbread-Rennen zu kämpfen. Mit neuer Entschlossenheit überzeugt sie den Skipper im zweiten Anlauf. Als einzige Frau auf einer britischen Yacht startet Edwards 1985 in ihre Whitbread-Premiere. Vorab erklärt sie in einem Fernsehinterview ihren Job: »Meine erste Pflicht ist es, die Männer gesund zu halten. Meine zweite, sie bei Laune zu halten.« Der britische Segelsport-Journalist Barry Pickthall fasst Edwards Aufgabenbereich damals so zusammen: »Im Grunde war sie an Bord, um sich ums Kochen und Putzen zu kümmern.«

230 Segler starten 1986 in das Rennen um die Welt. Unter ihnen sind nur vier Frauen. Edwards ist eine von ihnen. Allein unter 17 Männern erarbeitet sie sich durchaus einigen Respekt, vor allem aber kann sie endlich Stolz auf das bislang Erreichte empfinden. Später erinnert sie sich mit zwiespältigen Gefühlen: »Ich wurde wie eine Bedienstete behandelt. Das Kochen war schrecklich. Aber das Segeln habe ich geliebt.« Nach dem Ende des Rennens weiß Tracy Edwards zwei Dinge sehr genau: Nie wieder will sie eine Köchin für ein Boot voller Männer sein. Und: Das Rennen will sie nochmals bestreiten – aber als Seglerin und Wettkämpferin. Gelernt hat sie, dass es dafür zu ihrer Zeit nur einen Weg gibt: den eigenen. Es ist ein extremer Weg, den keine Seglerin vor ihr jemals beschritten hat. Ihr Credo: »Ist die Welt nicht so, wie ich es mir wünsche, dann muss ich sie ändern.« Sie ruft ihre Mutter an und fragt, was die davon hält, wenn sie – Tracy – eine reine Frauen-Crew für das nächste Rennen formieren würde. Die Mutter antwortet nach kurzer Denkpause: »Ich denke, dass du das machen solltest, wenn du wirklich engagiert bist.«

ES GIBT NUR EINEN WEG: DEN EIGENEN

Bereits vier Tage später sorgt Tracy Edwards mit der entsprechenden Ankündigung auf der Bootsausstellung in Southampton für nationale und auch internationale Schlagzeilen. Auf die Frage, ob sie Feministin sei, antwortet sie in einem Fernseh-Interview: »Ganz und gar nicht. Ich hasse dieses Wort. Ich will nur, dass man mir erlaubt zu tun, was ich gern tun möchte. Es ist an der Zeit, dass Männer verstehen, dass Frauen das Segeln genauso genießen wie sie. Und dass wir genauso gut sind.«

Soweit aber sind die tradierte männliche Segelwelt, die Berichterstatter und auch die Sponsoren noch lange nicht. Edwards und ihr Team präsentieren ihre Pläne vor mehr als 300 Unternehmen, bekommen aber – nichts. Über Jahre geht es an der Budget-Front keinen Millimeter voran. Längst ist der Traum von

»Stärke ein Mädchen, verändere die Welt«

Erstmals und exklusiv in Deutschland: Die International Ocean Film Tour zeigt die unglaubliche Geschichte der »Maiden«

einem für das Whitbread-Rennen angedachten Yacht-Neubau geplatzt. Der Rennstart rückt immer näher; jetzt muss Edwards alles riskieren. Sie beleiht ihr Haus, um ein gebrauchtes Boot zu erwerben, das die bereits formierte Frauen-Crew in Eigenregie und Tausenden Arbeitsstunden überholt. Es ist eine 58 Fuß lange Aluminium-Yacht mit dem Namen »Prestige«, die sie in »Maiden« umbenennen. Edwards kämpft weiter, ist zu manchen Zeiten auch für ihre Teamkameradinnen eine kaum mehr erträgliche, launische Anführerin. In der Retrospektive erkennt eine Crew-Kameradin: »Ich glaube, wir hatten keine Ahnung, unter welchem Druck sie stand.«

Als Skipperin ist Edwards ehrgeizig, hat die Konkurrenz stets im Visier

RETTUNG VOM KÖNIG PERSÖNLICH

Geld bleibt das größte Problem. Edwards fragt sich aber auch, ob sie wirklich die Richtige für die multiple Herausforderung ist. Nachts wird sie von Panik-Attacken wach gehalten. Eine Wegbegleiterin beschreibt diese Projektphase euphemistisch als »eher dunkle Zeit«. Noch immer versucht Edwards, Mittel in Höhe von fast einer Million Pfund aufzutreiben. Am Tiefpunkt ihres Engagements besinnt sie sich auf den Mann, der sie mit seinen Worten einst so stark gemacht hatte, und ruft kurzerhand König Hussein von Jordanien an. Er lobt, dass sie so weit gekommen sei und jetzt nicht aufgeben dürfe. Die Royal Jordanian Airlines, verspricht er, werden das Projekt unterstützen. Und so geschieht es.

NIEMAND GLAUBT, DASS DIE FRAUEN DEN GLOBUS UMRUNDEN WERDEN

Der Startschuss zum Whitbread-Rennen 1989/1990 fällt am 2. September 1989 vor Southampton. Die Frauen tragen weiße T-Shirts und pinkfarbene Shorts. Edwards' Herz schlägt so heftig, dass sich ihr Shirt bewegt. »Maiden«-Team-Manager Howard Gibbons bekommt in einschlägigen Seglerkneipen mit, dass abfällige Wetten abgeschlossen werden: Die größten Pessimisten tippen darauf, dass die Frauen-Crew es nicht einmal bis zu den Needles schafft, andere auf Endstation bei den Kanarischen Inseln. Einige wenige trauen den Frauen immerhin eine ganze Etappe zu – von sechs zu segelnden. Niemand glaubt daran, dass sie erfolgreich den Globus umrunden werden. Sie, das sind Michele Paret aus Frankreich, Edwards' Landsfrauen Sarah Davies, Joanna Gooding, Claire Russell, Nancy Hill, Jeni Mundy und Amanda Swan, Angella Farrell aus Irland, Sally Creaser aus Schottland, Tanja Visser aus Holland, die Neuseeländerin Mandi Swan, die US-Amerikanerin Dawn Riley und die Finnin Mikaela van Koskul.

Als »Maiden« 36 Tage nach dem Startschuss den ersten Zwischenstopp-Hafen Punta del Este in Uruguay als drittes Boot ihrer Klasse erreicht, sind die Beobachter erstaunt, Edwards selbst jedoch tief enttäuscht: »Nur« teilzunehmen reicht ihr nicht. Was sie will, ist Erfolg. Während die männliche Konkurrenz von den Journalisten zu Taktik und Strategie befragt wird, sollen die Frauen vor allem über ihr Privatleben Auskunft geben. Die Verärgerung darüber wandelt Edwards in Dynamik um. »Als wir Uruguay wieder verließen, war ich entschlossener denn je und bereit für etwas Großes«, weiß sie heute noch. Das »Große« kam mit dem Südpolarmeer. Edwards entscheidet: »Wir müssen ganz weit runter nach Süden.« Der kürzeste Kurs von Punta del Este nach Fremantle ist auch der gefährlichste: Zu bändigen und zu überstehen sind 7.650 erbarmungslose Seemeilen, Begegnungen mit Eisbergen, Temperaturen nahe dem Gefrierpunkt und höchste Anforderungen an das seglerische Können.

AM ENDE DER TRIUMPH

Nach 52 Tagen auf See ist es Edwards, die den schrecklichen Funkspruch von Skipper John Chittenden an Bord der »Creighton's Naturally« empfängt. Dort sind in schwerer See zwei Männer über Bord gegangen. Anthony Phillips kann nur noch tot geborgen werden, sein Kamerad Bart van den Dwey aber lebt. Claire Russell, segelnde Ärztin an Bord der »Maiden«, betreut die Crew der »Creighton's Naturally« über zwei Tage via Funk bei der Behandlung des unterkühlten Mannes. Als die Frauen schließlich Australien erreichen, kreuzen sie die Ziellinie 24 Stunden vor den nächsten Konkurrenten ihrer Klasse. Der Sieg der Frauen auf der Königsetappe lässt die Kritiker schlagartig verstummen. Die Seglerinnen gewinnen auch die folgende Sprintetappe und erhöhen ihren Vorsprung sogar auf insgesamt 28 Stunden, büßen das Polster aber auf den folgenden Abschnitten wieder ein. Bei der Rundung Kap Hoorns sinken sie beinahe, und auch auf dem Kurs von Uruguay nach Fort Lauderdale fehlt es ihnen an Fortune. Im Schlusssprint nach Southampton überstehen sie einen Tornado und hungern fünf Tage bei extrem rationierter Verpflegung, bevor sie als Gesamt-Zweite ihrer Klasse im Ziel so triumphal empfangen werden, dass die Bilder bis heute zu den unvergesslichsten der Segelsportgeschichte zählen. Was sie damals vor dem Rennen und über sechs Etappen wirklich geleistet haben, wird den Pionierinnen erst nach und nach klar.

Mit dem Film *Maiden* haben Tracy Edwards, der preisgekrönte Regisseur Alex Holmes und ihre Mitstreiter das historische Projekt zu einem emotional packenden Film mit vielen Zeitzeugen verarbeitet. Die damals nach dem Rennen verkaufte stählerne »Maiden« hat Tracy Edwards mithilfe einer Crowdfunding-Kampagne und entscheidender Unterstützung durch König Husseins Tochter Prinzessin Haya in verrottetem Zustand von den Seychellen nach Großbritannien zurückgeholt und einem umfangreichen Refit unterzogen. Inzwischen befindet sich die »Maiden«auf einem dreijährigen Charity-Törn, von dem sie nach dem Besuch von mehr als 30 Häfen in 17 Ländern Ende 2020 zurückkehren soll. Als Gründerin der Stiftung Maiden Factor nutzt Edwards das Boot für ihre Mission, rund um die Welt für eine bessere Ausbildung von Frauen zu kämpfen. Ihr Motto: »Stärke ein Mädchen, verändere die Welt.«

Der Sieg der Frauen auf der Königsetappe lässt die Kritiker verstummen

Ocean Lover

Tracy Edwards

Geboren
5. September 1962 (Großbritannien)
Wohnort
London
Beruf
Autorin,
Gründerin Stiftung »The Maiden Factor«
Credo
»Ich glaube daran, dass Lehrstunden aus Sport und Abenteuer in die Welt der Wirtschaft übertragbar sind.«

Peter Hammarstedt

Der Hüter der Meere

Er war der Star der 6. International Ocean Film Tour 2019: Der Beitrag über die Arbeit der Sea Shepherds um Kapitän Peter Hammarstedt wurde mit dem Publikumspreis ausgezeichnet. Der Film *Chasing the Thunder* (dt.: *Jagd auf die Thunder*) zeigt einen realen Meeres-Thriller, dessen Happy End nur dem Mut und der Beharrlichkeit der Verteidiger der Meere zu verdanken ist

SEA SHEPHERD

SEA SHEPH

THUNDER

Peter Hammarstedt ist 14 Jahre alt, als er Zeuge einer blutigen Walabschlachtung wird – ein Moment, der sein Leben nachhaltig verändern wird. Damals hat der Teenager mit seinen Eltern schon die Welt bereist, Stationen in Kuweit, China und England gemacht. Seine Eltern kommen aus dem schwedischen Ort Västerås. Für seine Geburt kehrten sie in ihr Heimatland zurück. Als Schüler lebte er dann im Alter von sieben bis 17 Jahren mit seiner Familie in den Vereinigten Staaten. Der kleine Ort mit dem vielversprechenden Namen New Hope an der Westseite des Delaware River zwischen Pensylvania und Jersey ist für zehn Jahre ihr Zuhause. Und eben dort erschüttert Peter Hammarstedt der Anblick eines toten acht Tonnen schweren Wals bis ins Mark. Der Junge ist entsetzt, dass Wale immer noch und auf diese Weise gejagt und getötet werden. Er beobachtet zwei ihm »so klein« erscheinenden Greenpeace-Aktivisten im verzweifelten Kampf, die »Wal-Killer« zu blockieren. Diese Szene ist der Auslöser für Hammarstedts Entscheidung: Er will selbst aktiv werden. Für ihn ist es von Beginn an eine Frage der Verantwortung.

EINE FRAGE DER PERSÖNLICHEN VERANTWORTUNG

Nach der Rückkehr seiner Familie nach Schweden geht er als Freiwilliger Helfer bei Greenpeace-Schiffen an Bord. »Ich fühlte mich sehr schnell persönlich verantwortlich für den Schutz der Meere und ihrer Artenvielfalt.« Als dramatisch empfindet er die Ereignisse rund um den isländischen Walfang. Der Inselstaat zwischen Nordatlantik und Grönlandsee war nach heftigen Streitigkeiten über seine Walfangaktivitäten 1992 aus der Internationalen Walfangkommission ausgeschieden und – gegen den Willen und die Überzeugung vieler Kommissionsmitglieder – 2001 wieder eingetreten. Dazu reichte damals beim Abstimmungsergebnis von 19 zu 18 eine Stimme Mehrheit. Als nach der Abstimmung ausgerechnet der schwedische Vertreter einräumt, er habe aus Versehen den falschen Knopf, also mit »Ja« statt – wie geplant – mit »Nein« votiert, nimmt Peter Hammarstedt das erneut persönlich. Ausgerechnet ein Landsmann hat das aus seiner Sicht Unmögliche wieder möglich gemacht. »Ich denke, das war der Moment, in dem ich allen Glauben daran verlor und nach

Unter Beschuss: Die Hüter der Meere werden im gefährlichen Einsatz mit Wassersalven befeuert, geben ihre Position aber nicht auf

Alternativen gesucht habe«, erinnert sich Hammarstedt. Von nun an will er selbst aktiv in den Kampf gegen den vielfachen Frevel auf den Weltmeeren eingreifen – und findet die Sea Shepherd Conservation Society.

Zu diesem Zeitpunkt ist Peter Hammarstedt knapp 18 Jahre alt, muss aber in Folge seiner Bewerbung über Monate auf eine positive Antwort warten. »Ich habe dort am Ende fast jeden Tag angerufen«, weiß er noch. Dann endlich wird sein Gesuch angenommen. Er reist 2003 nach Seattle, von wo aus ein Sea-Shepherd-Schiff nach Island aufbrechen soll. Doch ein Leck in der Rumpfdurchführung der Propellerwelle hält die Besatzung fast sechs Monate lang auf. Noch ist die Organisation klein, kann sich nicht mal eben eine umfangreiche und vor allem teure Reparatur leisten. Als das Schiff endlich auslaufen kann, ist es zu spät für eine Reise nach Island. Stattdessen nehmen sie Kurs auf den östlichen Pazifik und die Galapagos-Inseln. Dort patrouillieren sie über zwei Monate lang und tragen dazu bei, zwei illegale Fischereischiffe festzusetzen. Hammarstedt erlebt erstmals Erfolge der Sea-Shepherd-Einsätze.

Schnell zählt der junge Schwede zu den engagiertesten Ziehsöhnen Paul Watsons, dem charismatischen und nicht unumstrittenen Mitgründer von Greenpeace und späteren Gründer der Sea-Shepherd-Bewegung, der vom *Time Magazine* im Jahr 2000 zusammen mit Robert Hunter zum »Helden des zwanzigsten Jahrhunderts« gekürt wird. Die britische Tageszeitung *The Independent* zählt Watson zu den »Verteidigern der Erde«. Der radikale Meeresaktivist hatte nach seiner Trennung von Greenpeace 1977 die Sea Shepherd Conservation Society formiert, die sich aktiv gegen die Ausbeutung von Meereslebewesen wendet. 1978 hatte Watson das erste Aktionsschiff namens »Sea Shepherd« in Dienst genommen, später wurde er zum Protagonisten vieler Filme wie beispielsweise der Doku-Serie *Whale Wars – Krieg den Walfängern*.

34 Jahre jünger als sein Vorbild, beschreibt Watson-Schützling Hammarstedt seine ersten Jahre auf den Sea-Shepherd-Schiffen unter dem Kommando des wort- und tatgewaltigen Kanadiers. Dann lächelt Hammarstedt kurz über die eigenen Worte und korrigiert sich: »Nein, eigentlich war es eine Eistaufe.« Oft ist Hammarstedt an der Seite Watsons als Mitglied der freiwilligen Helfer-Crews im eisigen grauen Südpolarmeer unterwegs.

Schon als Schuljunge das Meer konzentriert im Blick: Peter Hammarstedt

IM KAMPF GEGEN ILLEGALEN FISCHFANG UND ANDERE FREVEL AUF SEE

Während Watson zu Beginn des neuen Jahrtausends aufgrund seiner Einsätze mit mehreren Festnahmeersuchen konfrontiert wird und unter anderem zwischen Oktober 2011 und Mai 2012 rund sieben Monate in Deutschland eine Woche in Haft genommen und monatelang unter Hausarrest gestellt wird, setzen die anderen Sea Shepherds den Kampf gegen illegalen Fischfang und andere Frevel auf See fort. Immer an vorderster Front dabei: Peter Hammarstedt. Rund zehn Jahre verbringt er mit Anti-Walfang-Einsätzen in antarktischen Gewässern. Einmal wird eines der Schiffe sogar zwei Tage im Eis eingeschlossen. Im Kern geht es den »Schäfern der See« damals darum, illegale japanische Walfänger zu suchen und zu stellen, ihnen ihr Treiben möglichst unmöglich zu machen und Beweise für eine angestrebte Verurteilung zu sichern. Internationale Beachtung findet 2013 ein dramatischer

Verbrecherjagd im eisigen Revier: Die Meereshüter jagen illegale Fisch-Frevler

Statt der geplanten 1.035 Wale haben sie in der Saison, so genau erinnert sich Hammarstedt, nur 103 gefangen

Einsatz im Südpolarmeer. »Wir hatten das Glück, eines der Tankboote eines illegalen Walfängers zu entdecken«, erzählt Hammarstedt. Strategie der Sea Shepherds ist es in dieser Situation, das Tankboot von seiner Aufgabe abzuhalten. Hammarstedt riskiert als Kapitän auf der »Bob Barker« viel. Der eigentliche Sünder ist ein 8.000-Tonnen-Schiff. Die »Bob Barker« hingegen ist sogar noch deutlich kleiner als die beiden flankierenden Tankschiffe – wer hier an David gegen Goliath denkt, liegt richtig. Trotzdem legt er sein Boot zwischen Mutterschiff und Versorger, durchlebt mit seiner Mannschaft mehrere Kollisionen, bewegt sich aber nicht vom Fleck. Fünf Tage hält die Besatzung der »Bob Barker« durch, bis die Japaner aufgeben und abziehen. Statt der geplanten 1.035 Wale haben sie in der Saison, so genau erinnert sich Hammarstedt, nur 103 gefangen.

Angst hat der schwedische Umweltaktivist weder in dieser noch vergleichbaren Situationen. Großen Respekt aber bringt er schwerem Wetter entgegen. »In 13 Meter hohen Wellen kann es im Südpolarmeer schon beängstigend zugehen«, sagt der inzwischen sehr erfahrene Schiffsführer, »darüber mache ich mir immer Gedanken, denn am Ende bin ich für die Crew verantwortlich. Ich genieße solche Bedingungen nicht und bin in der Ruhe nach dem Sturm immer erleichtert.«

WENN JÄGER ZU RETTERN WERDEN

Erleichtert war Hammarstedt auch nach dem realen Krimi, der später als Dokumentation *Chasing the Thunder* bei der International Ocean Film Tour läuft. Die von Hammarstedt geführte »Bob Barker« und das Schwester-Aktivistenschiff »Sam Simon« haben 2014 den illegalen Fisch-Trawler »Thunder«, der bis dahin in rund zehn Jahren nach Schätzungen von Interpol mit seinen Fängen etwa 60 Millionen US-Dollar für seine unbekannten Besitzer verdient hat, gefunden und über 10.000 Seemeilen hartnäckig verfolgt. Während der 110-tägigen Jagd gehen die Meeresschützer auf gefährlichen Kollisionskurs mit der verbotenen Fischerei. Im von jeglicher Zivilisation weit entfernten Rossmeer geht es um die Verteidigung des artengeschützten Antarktisdorsch, auch »weißes Gold« genannt. Das Schwinden seiner Bestände gefährdet das gesamte Ökosystem. Das motiviert die Sea Shepherds im Kampf um internationales Recht ihre letzten Reserven zu mobilisieren. Ihr Credo: Wir stellen die Hochsee-Plünderer und liefern den Behörden die Beweise, damit den Wilderern der Prozess gemacht werden kann. Dass sie dafür Monate brauchen, ist nicht geplant. Zur entschlossenen

Das dramatische Ende der beherzten Verfolgung: die »Thunder« sinkt

Verfolgung kommt das psychologische Kommunikations-Duell zwischen dem Kapitän der »Thunder« und Peter Hammarstedt an Bord der »Bob Barker«. Beide versuchen sich gegenseitig zum Aufgeben zu bewegen. Hammarstedt lenkt nicht ein. Im April 2015 schließlich endet das Katz- und Maus-Spiel, das tatsächlich nie ein Spiel war, vor der Westküste Afrikas. Die »Thunder« stoppt. »Die Crew erschien in Schwimmwesten an Deck und schmiss eine Leiter über die Reling«, weiß Hammarstedt noch genau. Er habe den Kapitän der »Thunder« angefunkt und gefragt, ob das Boot in Seenot sei. Der Kapitän habe das bejaht und verkündet, dass die »Thunder« sinken würde.

Die Crew wird von der Besatzung der »Bob Barker« und zwei weiteren Schiffen gerettet. Die »Thunder« sinkt. Warum hier? Für Hammarstedt auch heute noch keine Frage: »Die Küstenwache in dieser Region verfügte gerade einmal über zwei kleine Boote, von denen eines nicht einsatzfähig war. Auch das andere war gerade einmal bis zu 20 Seemeilen von der Küste aus nutzbar. Der Kapitän der ›Thunder‹ wusste, dass sie ihn hier nicht würden aufhalten können, wenn er das Schiff versenkt.«

Wir stellen die Hochsee-Plünderer und liefern den Behörden die Beweise, damit den Wilderern der Prozess gemacht werden kann

EIN SIEG MIT NACHHALTIGEN FOLGEN

Viel später werden der Kapitän der »Thunder« und zwei Crew-Mitglieder im Zusammenhang mit illegaler Fischerei zu Gefängnis- und hohen Geldstrafen verurteilt. Der äquatornahe zentralafrikanische Inselstaat São Tomé und Príncipe, wo die Gerichtsverhandlung stattfindet, feiert das Urteil als Sieg im Namen der Meere. Die intensiv und mitentscheidend an dem Fall beteiligten investigativen Journalisten Kjetil Sæter und Eskil Engdal, die vor allem bei der anfänglichen Suche nach der »Thunder«, aber auch mit ihren Recherchen zu den Hintermännern erfolgreich waren, haben dazu das Buch *Catching Thunder* veröffentlicht. »Es war ein großer Fall, die längste Jagd dieser Art, die es je gegeben hat«, sagt Hammarstedt. »Der Fall hat Regierungen zum Handeln inspiriert und zum Arrest von fünf weiteren illegalen Schiffen geführt. Letztendlich hat der Fall der ›Thunder‹ das Ende des illegalen Fischens in der Antarktis markiert.«

Für Hammarstedt besiegelt das Gerichtsurteil aber nicht nur das gute Ende einer spektakulären Mission, sondern auch den Anfang eines neuen Kapitels in der Sea-Shepherd-Geschichte. Nach und nach vereinbart er neue Partnerschaften mit afrikanischen Staaten. Die Meeresschutzorganisation unterstützt nun diese Länder mit ihren Schiffen und ihrer Manpower im Kampf gegen illegales Fischen vor der westafrikanischen Küste.

Im September 2019 erzählt Hammarstedt im Gespräch, dass er gerade aus Gambia zurück ist. Das kleine, vom Senegal umschlossene westafrikanische Land mit eigenem, etwa 80 Kilometer langem Küstenabschnitt setzt nun wie weitere Staaten Afrikas, darunter Namibia, Tansania, Benin und Liberien, auf die Schützenhilfe der Sea Shepherds. Im Doppelpass und mit offiziellen Vertretern der Küstenwache an Bord ist man nicht nur mit großer Reichweite einsatz-, sondern im Falle von Konfrontationen auch handlungsfähig. Seit Beginn dieser zunehmenden Pakte für das Meer und für die afrikanische Bevölkerung konnten laut Hammarstedt bereits 35 illegal fischende Schiffe dingfest gemacht werden. »Es ist eine einzigartige Partnerschaft, die weiterwächst und mir sehr am Herzen liegt, weil es meiner Persönlichkeit so entspricht. Hier bestehlen die reichen Länder einige der ärmsten Leute der Welt.«

PETER HAMMARSTEDT

Harter Bordalltag: ein Sea Shepherd im Einsatz

Konkret geht es ihm, der inzwischen als Direktor sämtlicher Schiffsoperationen von Sea Shepherd Global über die Einsätze der Mannschaften und Schiffe der Organisation wacht, darum, dass es in den betreffenden afrikanischen Ländern einen Zusammenhang zwischen illegaler Fischerei direkt vor der Küste und sozialen Problemen der Menschen gibt. Von rund zwei Millionen Einwohnern in Gambia seien beispielsweise etwa 200.000 direkt oder indirekt von der Fischerei abhängig. »Das ist einer von zehn Menschen«, konstatiert Hammarstedt. Deshalb sei die industrielle Fischerei bis neun Seemeilen vor der Küste verboten. So sollen die Interessen der Einheimischen geschützt werden – was ohne Überwachung und Kontrollen kaum durchzusetzen sei. »Bevor wir kamen, sind diese Typen jeden Tag hierhergekommen, über die Netze der einheimischen Fischer gedonnert und haben ihrerseits illegal gefischt.« Die internationalen Plünderer seien der Küste bis auf eine Seemeile nahegekommen. »Jetzt aber schrecken wir sie mit Festnahmen ab«, erzählt Hammarstedt. »Wir helfen damit den Einheimischen, und wir helfen auch, die Artenvielfalt hier vor der Küste zu verteidigen. Die Fischbestände nehmen wieder zu.« Langfristiges Ziel

»Bevor wir kamen, sind diese Typen jeden Tag hierhergekommen, über die Netze der einheimischen Fischer gedonnert und haben ihrerseits illegal gefischt«

»Ich denke, die Menschen haben viel Vertrauen darin verloren, dass ihre Regierungen die Probleme lösen«

Die modernen Sea Shepherds von heute: oftmals im Doppelpass mit bewaffneten Behördenvertretern

der Sea Shepherds ist es, die nationalen Partnerschaften idealerweise in regionale Verbände zusammenzuführen, um sie noch effektiver zu gestalten. »Dann könnten wir die illegale Fischerei vor Afrikas Küste ausrotten.«

Fünf Jahre hat Peter Hammarstedt den Sea Shepherds einst als junger Freiwilliger gedient, bevor er als Crew-Koordinator zum festen Mitarbeiter wurde. Später übernahm der die Schiffsoperationen. Inzwischen ist er nicht nur ein renommierter Kapitän, sondern als Direktor auch ein starker Stratege einer Organisation, deren Zentrale in Amsterdam gerade einmal zehn festangestellte Mitarbeiter hat. – Und das bei immerhin vier Schiffen, die 2019 im Einsatz waren. Ist Peter Hammarstedt nicht in Schutzmission unterwegs, dann nennt er heute Stockholm seine Heimatstadt, verbringt aber auch gern Zeit bei seiner neuseeländischen Freundin, die in Los Angeles lebt. Von dort lasse sich in den USA vieles bewegen.

WEDER RADARANLAGEN NOCH DROHNEN KÖNNEN MENSCHEN FESTNEHMEN

Dazu gehört auch die ständige technologische Weiterentwicklung. Vergleichbar etwa mit Dopingsündern im Sport, sind illegale Fischbetriebe ihren Jägern immer noch zu oft voraus. Natürlich könne man heute Schiffe weltweit mit AIS (Automatisches Identifikations-System) finden – allerdings nur, wenn die Zielobjekte ihren AIS-Sender nicht ausschalten. Was sie jedoch in verlässlicher Regelmäßigkeit tun und damit gut »getarnt« sind. »Es wird auch vergessen, dass es ja die Schiffsbetreiber sind, die ihre Daten für das AIS-System eingeben. Diese Daten müssen ja nicht stimmen …«, gibt Hammarstedt zu bedenken. Auch das Tracking mit Satellitenhilfe sei nur bedingt hilfreich, weil die Daten zum einen verzögert gesendet werden und zum anderen wetterabhängig sind. »Durch Wolken kann es nicht schauen«, erklärt Hammarstedt. Radar hingegen könne das, sei aber ebenso kostenintensiv wie die zunehmende Nutzung von Aufklärungsdrohnen. Und über all dem stehe die Tatsache, dass weder Radaranlagen noch Drohnen Menschen festnehmen könnten. »Die wichtigste Sache im Kampf gegen illegales Fischen ist es, die Strafverfolgungsbehörden zum Tatort zu bringen. Deswegen hilft Sea Shepherd vor Ort. Wenn du Präsenz hast, können die neuen Technologien zwar helfen und wir brauchen sie auch, aber sie können nicht die gute alte Polizeiarbeit ersetzen. Drohnen mögen sexy wirken und uns unterstützen, illegale Schiffe zu finden, aber darüber wird vergessen, dass die Strafverfolger im Kampf gegen die Wilderer Essen und Trinken brauchen. Und Waffen.«

Ob er es richtig findet, nicht nur von seinem Ziehvater Paul Watson als »Öko-Krieger« bezeichnet zu werden? Darüber denkt Hammarstedt einen Augenblick nach. Dann sagt er: »Nun, wir setzen uns bei unserer Arbeit einem gewissen Risiko aus, um die Umwelt zu verteidigen. Die kriegerische Sprache mag genutzt werden, um der Sache eine gewisse Dringlichkeit zu verleihen. Und natürlich haben wir während einiger Aktionen auch bewaffnete Vertreter der Strafverfolgungsbehörden an Bord.« Seine junge Landsfrau Greta Thunberg, deren Engagement Hammarstedt bewundert, würde sich auch hin und wieder drastischer Ausdrücke bedienen. »Aber es ist ja wie sie es formuliert: Der Planet brennt tatsächlich.«

Hoffnungslos ist Hammarstedt deshalb nicht: »Ich denke, die Menschen haben viel Vertrauen darin verloren, dass ihre Regierungen die Probleme lösen. Und ja, die Regierungen haben versagt. Also nehmen die Menschen weniger Anteil an politischen Strukturen und schauen nach Alternativen, nach anderen Wegen. Auch in Europa. Ich denke, wir werden zunehmend lokale Aktionen und gesellschaftliches Engagement erleben.«

Ocean Lover

Peter Hammarstedt

Geboren
4. Dezember 1984 (Schweden)
Wohnorte
Stockholm, Los Angeles
Beruf
Umweltschützer, Kapitän, Direktor Schiffs-Operationen bei Sea Shepherd
Credo:
»Wir müssen die Umwelt verteidigen.«

Lukas Müller

Den Hai im Blick

Er ist ein echter Waterman: Aufgewachsen in einer Familie von Ocean Lovern, hat der Biologe, Freitaucher und Filmemacher Lukas Müller das Meer in seinem Blut. Seine Leidenschaft und sein Engagement für Haie sind Teil seiner DNA

Schon als Zweitklässler wusste Lukas Müller seinen Mitschülern spannende Geschichten von ungewöhnlichen Begegnungen im Meer zu erzählen. Haie waren Teil seiner Berichte. Dumm war nur, dass ihm lange Zeit niemand glauben wollte. Weder die Schulkameraden noch die Lehrkräfte. »Lukas, nun hör aber mit den Märchen auf!«, sagte ein Lehrer einmal zu dem Jungen mit den erstaunlichen Stories, »erwartest du im Ernst, dass wir dir glauben, dass einige deiner Angehörigen mit Haien schwimmen gehen?« Doch genau das tat der kleine Lukas. Warum auch nicht? Seine Schilderungen entsprachen der Wahrheit.Erst als Teenager begann er zu verstehen, dass die wenigsten Menschen es als vorstellbar empfinden, freiwillig mit Haien schwimmen zu gehen und daran auch noch Freude zu haben. Von Menschen, die weit entfernt von Tauchrrevieren leben, mal ganz abgesehen.

»Ich bin sicher, dass die Neugier auf die Natur Teil meiner DNA ist«, sagt er heute. Auch er sei nicht als Haitaucher geboren worden und als solcher einfach ins Wasser gesprungen. »Es war eine Lernkurve. Mein Vater hat uns früh gelehrt, Risiken einzuschätzen. Wir sind schon als Kinder sieben, acht Meter hohe Steilwände ohne Sicherung emporgeklettert oder haben Schlangen mit der Hand gefangen. Heute habe ich entsprechend weniger Angst, auch wenn mein Tauchpartner vor wenigen Wochen von einer Spinne gebissen wurde und ihm fast das Bein amputiert werden musste. Ich hoffe, dass ich eigene Unfälle durch den gewachsenen Blick für die Natur vermeiden kann. Diesen Blick kann jeder lernen – indem er ganz einfach in den Wald geht zum Beispiel.«

VOM RUHRPOTTJUNG ZUM WATERMAN

Lukas Müller ist im Herzen des Ruhrgebietes großgeworden. Heute lebt er an wechselnden Orten in Deutschland und im Ausland, hat seine Wurzeln aber nach wie vor im Pott, aktuell in Bochum. Die seit seiner Kindheit von den Eltern auf Reisen gehegte und gepflegte Passion für das Meer im Allgemeinen und die Haie im Speziellen sind Teil seiner Identität und heute auch seine berufliche Aufgabe. »Meine Leidenschaft hat mich zu Abenteuern rund um den Globus aufbrechen lassen. Sie hat mich zum Tauchen in Revieren und mit Meerestieren geführt, die ich mir zuvor nicht einmal habe vorstellen können.« Begleitet wird der »Hai-Flüsterer« bei seinen Reisen zunehmend auch von dem Wunsch, den Menschen dabei zu helfen, sich von ihren Sofas zu erheben und selbst etwas zu unternehmen. »Etwas, das vielleicht schwierig ist. Etwas, das andere vielleicht als verrückt erachten. Auch wenn diese Verrücktheit bedeutet, einem mächtigen Raubtier der Meere Auge in Auge zu begegnen«, sagt der Antreiber, der inzwischen als Lukas Waterman bekannt ist. Das Pseudonym hat er für sich gewählt, weil zum einen in seiner Aufbruchszeit als Haiforscher ein bekannter deutscher Skispringer mit dem Namen Lukas Müller in aller Munde war und er zum anderen eine prägnantere Bezeichnung als den Allerweltsnamen Müller suchte, eine Wiedererkennbarkeit herstellen wollte. »Ein Waterman ist ein Mensch, der sich für die Ozeane begeistert«, erklärt er und grinst, »Waterwomen gibt es natürlich auch … Das sind Menschen, deren Persönlichkeit, Charakter und Weltbild in allen Lebenslagen vom Meer geprägt ist. Ich weiß, dass es noch Bessere gibt als mich. Aber mein Ziel ist es, zu meinen Lebzeiten der beste Waterman zu sein, der ich sein kann. Mittlerweile steht der Name Waterman für mich auch für meine Reise durchs Leben.«

Hai-Forscher und Freitaucher Lukas Müller dort, wo er seine Berufung gefunden hat: am Meer

»Meine Leidenschaft hat mich zu Abenteuern rund um den Globus aufbrechen lassen. Sie hat mich zum Tauchen in Revieren und mit Meerestieren geführt, die ich mir zuvor nicht einmal habe vorstellen können«

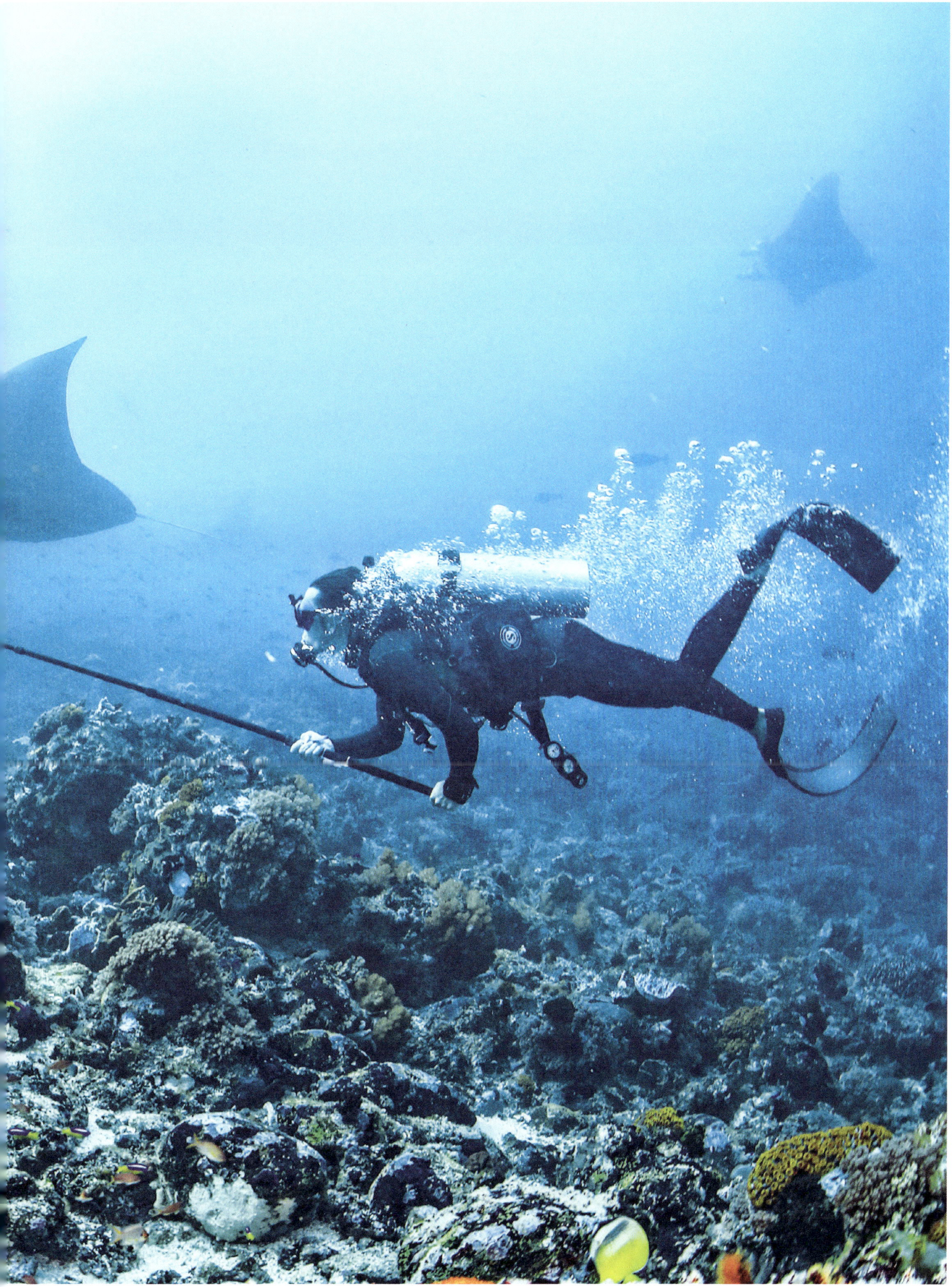

»Unser blauer Planet befindet sich an einem Scheidepunkt. Ikonische Wildtiere des Ozeans wie Haie, Rochen und andere Großfische werden dezimiert – wegen uns Menschen. Wenn wir nicht handeln, verschwinden sie bald für immer«

Haie faszinieren ihn, »weil sie die schnellsten, stärksten und am besten adaptiertesten Räuber der Meere sind«. Er bewundert sie wie andere Menschen mächtige Berge oder haushohe Wellen. Und empfindet es als Privileg in einer Zeit zu leben, in der es überhaupt möglich ist, ihr Leben und ihr Verhalten unter Wasser zu erforschen. Vor 70 Jahren war das noch undenkbar.

DER WATERMAN SETZT SICH NACHHALTIG FÜR EINEN GESUNDEN OZEAN EIN

Heute kooperiert der Waterman mit der Ruhr-Universität Bochum und der holländischen Universität Wagingen, die zu den weltweit wichtigsten wissenschaftlichen Institutionen auf dem Gebiet der »Life Sciences« zählt. »Unser blauer Planet befindet sich an einem Scheidepunkt«, sagt Müller alias Waterman, »ikonische Wildtiere des Ozeans wie Haie, Rochen und andere Großfische werden dezimiert – wegen uns Menschen. Wenn wir nicht handeln, verschwinden sie bald für immer. Als Wissenschaftler, Filmemacher und Freitaucher setze ich mich für einen gesunden Ozean und den Erhalt seiner Wildtiere ein.«

Lukas Waterman tut das nicht sporadisch, sondern nachhaltig. Er hat sich dafür neben Tauchaufträgen, Filmprojekten und wissenschaftlichen Forschungsreisen ein Revier gesucht und gefunden, in dem er persönlich engagiert ist. Weil er mehr tun wollte, als »nur« Daten zu sammeln und auf Notstände aufmerksam zu machen. Er will echte Erfolge im Meeresschutz erreichen. Projekte, die Medienaufmerksamkeit erreichten, aber trotzdem nicht für echte Fortschritte sorgten, gäbe es genug. Der Ozean sei aber ein Patient und die Wissenschaftler seine Ärzte, die mit ganz wenigen Mitteln versuchten, ihn zu retten – neben allen anderen Patienten, die sie zu betreuen haben. »Man kann es ein wenig mit einem Krankenhaus im Krieg vergleichen. Wir müssen uns überlegen, wo wir welche Patienten retten können. Man konzentriert sich also auf die, die noch Überlebenschancen haben. Es gibt ja den Spruch: ›Frauen und Kinder zuerst‹. Das Prinzip aber haben wir bezüglich der Ozeane noch nicht so richtig verstanden, versuchen oft dort aktiv zu werden, wo es schon zu spät ist. Es gibt auf dem Planeten aber noch eine ganze Reihe unangetasteter Ökosysteme, die vor Biodiversität nur so strotzen. Wir müssen sie identifizieren und helfen, sie zu schützen. Dann kann auch nachhaltiger Tourismus helfen, die Zukunft zu sichern.«

Lukas Watermans Herzensprojekt befindet sich in Mosambik. Genauer will er das Archipel, in dem gerade ein Nationalpark entsteht, lieber nicht verorten. Die Gefahr, das weiß er als leidenschaftlicher Taucher nur zu gut, bestehe darin, dass mit Hinweisen auf möglicherweise geschützte und daher paradiesisch anmutende Reviere oftmals auch ein spontan wachsender Tauchtourismus einhergeht, der Schutzrevieren in der Aufbauphase grundsätzlich nicht guttut. Taucher sollten sich nach Watermans Ansicht ohnehin selbstkritisch mit dem eigenen CO_2-Fußabdruck auseinandersetzen. Das gelte für die gesamt Tauchindustrie. »Wir hinterlassen mit den von uns benutzten Gütern und den Reisen einen großen Footprint«, weiß Lukas Waterman aus eigener Erfahrung. »Ich sorge daher für einen CO_2-Ausgleich, versuche den Footprint im Rahmen von Forschungsaufträgen und Expeditionen so klein wie möglich zu halten. Und mal ehrlich: In Deutschland und Europa gibt es ja auch viele Tauchreviere zu entdecken. Muss man wirklich permanent um die Welt reisen und jeden Manta sehen?«

Die Kamera Auge in Auge mit denen, die er schützen hilft

TRYGONS

»Die Lebenssituationen vor Ort und der Meeresschutz müssen miteinander verbunden werden. Dann kann ein Nationalpark mit unserer Hilfe auch eine Zukunft haben«

Die Forscher statten einen Hai mit Sender aus, um sein Verhalten besser studieren und seine Habitate schützen zu können

Offizielle Beschränkungen für privates Tauchvergnügen existieren international kaum. Es gibt weltweit nur etwa vier Prozent geschützte Reviere, von denen nur die Hälfte wirklich aktiv behütet wird. »Das müssen wir ändern«, fordert der Waterman, der in seinem Projekt unter anderen mit der »Königin der Mantarochen« Andrea Marshall zusammenarbeitet, die seit mehr als eineinhalb Jahrzehnten in Mosambik lebt. Sie kam nach Ende des Krieges als erste Meeresforscherin zusammen mit dem Piloten und Unterwasser-Kameramann Janneman Conradie in das ostafrikanische Land. Dort fanden sie an der Küste ein Ökosystem, dass sie »blaue Savanne« nennen. Dieses Revier ist Teil von Lukas Müllers Doktorarbeit: Er studiert Bullenhaie innerhalb und außerhalb des gedeihenden Nationalparks, den Ranger und weitere Beschützer hüten und pflegen. Im Studium des Watermans geht es darum zu erforschen, wo die Haie zu welcher Jahreszeit leben, um daraus abzuleiten, welche Habitate wann und wie geschützt werden müssen. Denn: Dem einfachen Blick der Ranger bleiben diese Gebiete verborgen. Die Ranger sind auf die Informationen der Forscher angewiesen, die mit technischen Hilfsmitteln herausfinden, wo Haie, Mantarochen, Barsche und weitere Arten leben.

ERST DAS VERHALTEN STUDIEREN, DANN DIE HABITATE SCHÜTZEN

Der Startschuss für dieses Projekt fiel 2018. Seitdem kommt Lukas Waterman mindestens zweimal im Jahr für mehrere Monate hierher, forscht und verbringt viel Zeit mit den Einheimischen an Land. Acht Bullenhaien im Revier hat der Doktorand Akustiksender implantiert, die zehn Jahre halten. Dazu hat er ein Netzwerk aus Unterwasser-Akustikempfängern installiert. Erste Ergebnisse zeigen, dass die Bullenhaie der Region überraschend lange bei ganz speziellen Riffen bleiben, bevor sie zur sporadischen Migration aufbrechen, die in Einzelfällen sogar bis nach Südafrika führen kann.

Zusätzlich hat das Team mit dem deutschen Wissenschaftler Satellitensender an den Rückenflossen der Haie angebracht. Diese geben Aufschluss darüber, wie tief die Haie tauchen und welche Habitate sie zur Jagd aufsuchen. Dabei wurde klar, dass die Haie zum Gebären ihrer Nachkommen auch in Süßwasserflüsse hineinschwimmen. »Das ist wichtig zu wissen, weil wir dann auch diese Reviere schützen können.«

WICHTIG IST FÜR DIE MENSCHEN, FENSTER INS MEER ZU ÖFFNEN

Durch seine intensive Arbeit und den gelebten Austausch mit der Bevölkerung vor Ort hat Lukas Waterman einen sehr realistischen Blick auf die Situation vor Ort bekommen. Er weiß, dass jene, die zum Tauchen hierherkommen, privilegiert sind. Die Einheimischen hingegen könnten sich nicht einmal eine Tauchbrille leisten. »Dann regen wir uns darüber auf, dass der ortsansässige Fischer Haie oder Rochen töten. Dabei hat der Mann acht Kinder zu ernähren und muss auch leben. Da müssen wir kompromissbereit sein. Die Lebenssituationen vor Ort und der Meeresschutz müssen miteinander verbunden werden. Dann kann ein Nationalpark mit unserer Hilfe auch eine Zukunft haben.«

Lukas Waterman dokumentiert seine Arbeit im Archipel an der Südküste Mosambiks ausführlich. Er filmt auch in Virtual Reality, produziert Kurzepisoden und Filme, mit denen er in mosambikanische Schulen geht. »Dort setzen die Kinder VR-Brillen auf und können mit uns in die Welt des Ozeans eintauchen. So können wir aus dem Klassenzimmer Fenster zum Meer öffnen. Oder aus Universitätssälen oder auch aus politischen Konferenzen heraus. Dann haben die Menschen keine Ausreden mehr«, hält der Haiforscher und Ozean-Aktivist fest, der sich noch viele Jahre in Mosambik an der Basis arbeiten sieht, bis das Ökosystem dort so geschützt ist, dass er sich einem neuen Revier zuwenden kann. Lukas Waterman lernt Portugiesisch für ein noch besseres Verständnis der Bedürfnisse und Lebensgewohnheiten der Einheimischen und geht auch mit ihnen in die Kirche. »Wie soll dir jemand vertrauen, wenn du nur kurz auf Stippvisite vorbeikommst, auf die Probleme hinweist und dann wieder verschwindest?«

Unterstützt wird Lukas Waterman von NGOs wie dem Sharkproject oder dem Ocean Wildlife Project. Letzteres haben Freunde gegründet, um ihn bei seinem Engagement zu fördern. »Weil ich ein einzelner Forscher in einem kleinen internationalen Team

bin, wird hier sofort jeder Euro in Forschung, Bootskosten oder Sender für Haie umgesetzt. Wir zahlen das alles selbst, weil solche Mittel vor Ort fehlen.«
Es geht in kleinen Schritten voran. Im Herbst 2019 schulte Lukas Waterman einen jungen Mosambikaner im Umgang mit der VR-Kamera. Er brachte ihm bei, wie man damit filmt und wie man die Ergebnisse für Bildungszwecke einsetzen kann. »Der Nationalpark wurde inzwischen von einer neuen NGO übernommen«, erzählt der Deutsche, »die Ranger werden knallhart ausgebildet. Fast so wie Soldaten, nur eben für den Naturschutz. Wir arbeiten eng zusammen. Ich bringe ihnen einiges über Haie bei. Viele der Ranger haben Angst vor Haien. In Mosambik werden etwa vier bis fünf Menschen pro Jahr von Haien gebissen. Ich versuche ihnen zu erklären, wie sie sich am besten verhalten, damit eben das nicht passiert.«

KOMMT EIN HAI, GILT ES DEN AUGENKONTAKT ZU HALTEN

Kaum einer könnte das wohl besser als dieser inzwischen weitgereiste Kerl aus dem Ruhrpott, der die Frage nach dem richtigen Verhalten bei einer Begegnung mit einem Hai so routiniert wie ruhig beantwortet: »Es gibt ein paar einfache Grundregeln: Die erste Regel lautet, dass man immer wissen sollte, was für Haie in der Umgebung auftauchen und wo sie wo sich befinden könnten. Dafür muss man sich regelmäßig in alle Richtungen umschauen. Kommt tatsächlich ein Hai, dann gilt es den Augenkontakt zu halten, damit sie nicht um einen herumschleichen. Niemals darf man vor einem Hai davonschwimmen. Besser schwimmt man auf ihn zu, was natürlich etwas Überwindung kostet. Bullenhaie beispielsweise haben sehr kleine Augen. Ihre Wahrnehmung funktioniert weitgehend über ihre Lorenzinischen Ampullen. Das sind die Sinnesorgane unter der Haut an ihrem Kopf. Hektik vermeiden und Handschuhe tragen hilft auch. Leuchtende Gegenstände wie gelbe Tauchcomputer oder eben hell blitzende Hände vermeiden. Haie sind Raubtiere. Nicht weniger, aber auch nicht mehr. Ich bin mit Tausenden Bullenhaien geschwommen, und mich hat noch nicht einer versucht zu beißen. Bullenhaie gelten als Löwen der Ozeane. Verhält man sich richtig, wird man in ihrem Revier auch nicht gebissen.«

»Haie sind Raubtiere. Nicht weniger, aber auch nicht mehr. Ich bin mit Tausenden Bullenhaien geschwommen, und mich hat noch nicht einer versucht zu beißen. Bullenhaie gelten als Löwen der Ozeane. Verhält man sich richtig, wird man in ihrem Revier auch nicht gebissen«

Ocean Lover

Lukas Müller

Geboren
14. November 1990
Geburtsort
Essen
Wohnorte
Bochum, Mosambik
Beruf
Haiforscher, Freitaucher, Filmemacher
Credo
»Ich kämpfe für bedrohte Arten am Ende der Welt. Damit dieser Planet lebenswert bleibt.«

THE WATERMEN PROJECT
THE WATERMEN PROJECT

VOLVO OCEAN RACE
DONGFENG RACE TEAM

Carolijn Brouwer

»

Die Ozeane sind unser schönstes Geschenk «

Das Meer ist ihr »Büro«, Wind und Wellen sind ihre Elemente: Carolijn Brouwer ist seit ihrem Sieg im 13. Volvo Ocean Race die Ikone des weiblichen Hochseesegelns. Ihren Platz in der Yachtsportgeschichte hat sich die holländische Ehefrau, Mutter und Geliebte der Weltmeere mit herausragenden Leistungen auf dem Wasser erkämpft

DONGFENG
DONGFENG
DONGFENG
Ω OMEGA
#CleanSeas
#TurnTheTideOnPlastic
VOLVO PENTA

DONGFENG
DONGFENG
DONGFENG

Als Carolijn Mariëlle Brouwer am 24. Juni 2018 mit dem Dongfeng Race Team die Ziellinie des Volvo Ocean Race vor Den Haag kreuzt, steht die Welt, die sie gerade umrundet hat, für einen Moment still. Dann reißt sie ihre Arme in den Himmel über sich. Wieder und wieder. Es ist ein sporthistorischer Moment, denn nie zuvor in der bis dahin 45-jährigen Geschichte des härtesten Meeres-Marathons für Hochseesegelteams zählte eine Frau zu den Siegern. »Es war der Moment, auf den ich mein ganzes Leben lang gewartet und für den ich hart gearbeitet habe«, wird Hollands Segelstar diese so süßen Sekunden später beschreiben.

Carolijn Brouwer liebt das Meer seit frühester Kindheit, die sie mit ihrer Familie in Brasilien verbringt, bevor sie in die niederländische Heimat zurückkehren. »In Rio de Janeiro«, erzählt die groß gewachsene, grazil-athletische Profiseglerin, »haben wir etwa 300 Meter vom Meer entfernt gewohnt, und ich habe die meisten Wochenenden mit dem Spielen im Meer verbracht. Ich stamme aus einer Wassersportfamilie und bin ein Outdoor-Abenteuer-Typ. Also fühle ich mich schon mein Leben lang mit dem Wasser und dem Meer verbunden. Wann immer ich mit einem Boot aufs Meer gehe, empfinde ich ein großes Freiheitsgefühl und lasse alles andere hinter mir. Es geht dann nur noch um mein Team und mich und das Meer.«

Brouwer bezeichnet sich als glücklichen Menschen, »weil das Meer mein Büro ist«. Als Profiseglerin sind die Ozeane ihr Spielplatz, die Bühne, auf der sie und ihre Kollegen sich in den Naturelementen miteinander messen. Aber Brouwer weiß auch: »Die Zeit ist gekommen, in der wir uns intensiv um die Meere kümmern müssen. Die Ozeane sind unser schönstes Geschenk. Kümmern wir uns jetzt nicht um sie, werden wir sie verlieren.«

SEGLER SIND MIT DER NATUR, NICHT GEGEN SIE IM EINSATZ

Weil ihr die Ozeane im Leben so viel gegeben haben, ist es für die Ehefrau des australischen Segelweltmeisters Darren Bundock und Mutter des Grundschulschülers Kyle ganz natürlich, ihnen auch etwas zurückzugeben. »Das Meer hat mir Freiheit, Abenteuer, Herausforderungen, Schönheit, glückliche und auch haarige Momente, Lachen und auch Tränen beschert. Es ist nie gleich, stellt dich jeden Tag vor neue Herausforderungen. Deswegen liebe ich das Meer. Es liegt jetzt in meiner Verantwortung, ihm auch etwas zurückzugeben.«

Carolijn Brouwer lebt mit ihrer Familie in Australien, wo es längst selbstverständlich ist, sich regelmäßig an Strandsäuberungsaktionen zu beteiligen. Wegwerf-Plastikartikel hat sie aus ihrem Haushalt verbannt. Segler, so sagt sie, sind von Natur aus umweltbewusst, weil sie mit der Natur und nicht gegen sie im Einsatz sind. Im vergangenen Volvo Ocean Race haben sich alle Teams regelmäßig an Meeresschutz-Aktionen beteiligt. Eine Inspirationsquelle war das Team »Turn the Tide on Plastic« der britischen Weltumseglerin Dee Caffari, das sich nachhaltig dem Problem der Plastikvermüllung der Meere widmete. Brouwers Sohn Kyle hat ein Schulprojekt danach benannt. »Kyle hebt jedes Stück Plastik von der Straße oder am Strand auf und schmeißt es in einen Mülleimer. Er weiß genau, wie wichtig das ist. Auch wenn es auf gewisse Weise traurig ist, dass mein achtjähriger Sohn sich in so jungen Jahren schon Sorgen um die Welt machen muss.«

Gefragt nach der eigenen Erfahrung mit der Plastikvermüllung der Ozeane, erzählt Brouwer von einem Moment aus dem Rennen ihres Lebens: »Wir segelten sehr weit unten im Südpolarmeer, etwa 2.000 Seemeilen entfernt von der nächsten Küstenlinie, wohin keine anderen Boote jemals kommen. Da trieb uns eine Coca-Cola-Plastikflasche entgegen. Ich finde es unendlich traurig, dass Plastik aus Menschenhand auch die entlegensten Reviere der Welt erreicht hat.« Die »Ozean-Superwoman« Carolijn Brouwer ist eine wachsame Meeresbeobachterin, die ihre Popularität auch bei Projekten für die Weltmeere einsetzt. Ihr Weg an die Spitze ihres Sports, dessen Galionsfigur sie heute ist, verlief nicht immer nur steil nach oben.

Ihre Leidenschaft für den Segelsport entdeckte die von Freunden »Caro« genannte Sportlerin als Kind in Südamerika., wo die Familie seit ihrem zweiten Lebensjahr abwechselnd fünf Jahre in Rio de Janeiro, weitere fünf Jahre in Belo Horizonte und noch einmal gut zwei Jahre in Rio lebt. Carolijns Vater ist hier als Geologe für die Zinnindustrie tätig. Schon damals gilt die spätere Olympia-Metropole Rio als nicht unge-

*»Wann immer ich mit einem
Boot aufs Meer gehe, empfinde ich ein
großes Freiheitsgefühl und lasse
alles andere hinter mir. Es geht dann
nur noch um mein Team und mich
und das Meer«*

fährliche Stadt, doch die Brouwer-Kinder bekommen davon wenig mit. Ihr Leben spielt sich zwischen dem Zuhause, dem gut geschützten Gelände einer amerikanischen Schule und im bewachten Segel-Club ab. »Wir haben als Kinder aber auch schnell gelernt, mit den Brasilianern klarzukommen. An den Strand gingen wir nur in Flipflops, alten T-Shirts, ohne Schmuck und Wertsachen. Passt man sich dem Lebensstil an und beherrscht man die Mundart der Einheimischen, gibt es keine Probleme«, sagt die weltoffene Brouwer, die sechs Sprachen fließend beherrscht. Carolijn nimmt Ballettstunden, mag Gymnastik und liebt die Leichtathletik. Bei schulischen Sportwettkämpfen erzielt sie in fast allen athletischen Disziplinen Bestleistungen. Nur für den Sprint bringt das mit 1,82 Meter hochaufgeschossene ehrgeizige Mädchen mit den langen Beinen keine idealen Körpermaße mit, zählt zu ihrem Verdruss nicht zu den Siegern.

HARTER NEUANFANG IN EUROPA

Der Niedergang der Zinnbranche lässt Vater Brouwer nach zwölfeinhalb Jahren in Brasilien umdenken und die Familie nach Holland zurückkehren – es folgt der Neubeginn in der südniederländischen 20.000-Einwohner-Gemeinde Oegstgeest nahe der Universitätsstadt Leiden. Die Mutter tut, was man in den Niederlanden eben so tut, kauft ihren Kindern Holland-Fahrräder und meldet sie im Hockey-Club an. Doch für Carolijn und ihren älteren Bruder ist der Bruch vor allem in anderen Lebensbereichen noch viel krasser: »Als ich mit 13 Jahren nach Holland kam, hatte ich nie zuvor mein Bett selbst gemacht«, erinnert sich Carolijn, »in Brasilien lebten wir wie in einem Kokon, in Holland fühlte ich nun vor allem eines: die große Freiheit!«

Die nimmt sie sich auch. Sie will wieder segeln. Die Mutter aber lehnt das mit Verweis auf die frostigen Wintertemperaturen zunächst ab. Während einer Fahrradtour erspäht Carolijn eine Gruppe junger Segler beim eisigen Februar-Training auf den Kagerplassen-Seen. Die neonbunten Neil-Pryde-Segel der 1980er-Jahre ziehen sie wie magnetisch an, erscheinen ihr in der Retrospektive wie Flammen, die ihre Segelleidenschaft neu entfachten. Zwei Wochen später sitzt der zähe Teenager erstmals im Optimisten, trotzt den eisigen Temperaturen mit Küchenhandschuhen aus Gummi und Wollhandschuhen darunter. »Bis dahin kannte ich Segeln nur in Bikini und Strohhut«, erinnert sie sich lächelnd. Die Härten des Wiedereinstiegs scheut sie nicht. Der Aufstieg folgt. Es dauert nicht lange, bis Caro auch auf internationaler Ebene ihre ersten Regatten gewinnt. Den Durchbruch markiert die Goldmedaille bei der Laser-Jugend-Weltmeisterschaft 1991.

Während ihres Lateinamerika-Studiums in Leiden gilt Caro in ihrem Studentenwohnheim als Außenseiterin – immerhin aber auch als symphatisch. »Die anderen gingen am Wochenende feiern und shoppen, ich war beim Segeln. Manchmal fühlte ich mich einsam. Wenn ich aber an Sonntagabenden vom Wasser zurückkam und die anderen mit Kater müde vor dem Fernseher hockten, fühlte ich mich erfrischt und klar.« Mit eiserner Disziplin gleicht sie ihre dem Sport geschuldeten Fehlzeiten aus und schafft das Examen.

Auf dem Wasser wächst sie zur Macht heran, gewinnt 1993 in Neuseeland und 1996 vor Palma de Mallorca die Weltmeisterschaft in der olympischen Einhandjolle Laser Radial. Zu diesem Zeitpunkt kennt sie nur noch ein Ziel: Sie will bei den Olympischen Spielen 1996 siegen. Das Schicksal aber will es

Auch auf rassigen Katamaranen zählt Caro Brouwer zu den besten Steuerfrauen

»Die anderen gingen am Wochenende feiern und shoppen, ich war beim Segeln. Manchmal fühlte ich mich einsam. Wenn ich aber an Sonntagabenden vom Wasser zurückkam und die anderen mit Kater müde vor dem Fernseher hockten, fühlte ich mich erfrischt und klar«

VOLVO
OCEAN
RACE
DONGFENG

HH
SCA
SCA
SCA

Stark am Steuer, erschöpft in der selbstgebauten puristischen Koje: zwei Alltagsszenen aus dem Segelleben der Powerfrau

anders. Die stärkste Konkurrentin, die Nummer zwei der Weltrangliste, stammt mit Margriet Matthijsse ausgerechnet aus dem eigenen Land. Wider Erwarten muss sich Brouwer der viel kleineren Rivalin in der Olympia-Ausscheidung um nur einen olympischen Platz pro Nation und Disziplin beugen. Es ist der schmerzlichste K.o.-Schlag ihrer Karriere, aber auch die wichtigste Lehrstunde: »Ich musste als Weltranglisten-Erste zu Hause bleiben, während ein anderes Mädchen teilnehmen durfte. Ich hielt das für ungerecht, obwohl Margriet die Ausscheidung gewonnen hatte. Mein Teamkollege und guter Segelfreund Roy Heiner, der für mich eine Art Mentor war, hat mich danach für eine Woche allein in ein Hotel nach Enkhuizen verbannt. Ich durfte keinen Besuch haben und maximal in den Garten gehen. Meine Aufgabe: Alles aus den letzten zwei Jahren aufschreiben. Das hat mir enorm geholfen, das Verlieren zu lernen und die Spielregeln unseres Sports zu akzeptieren.«

ORGANISATION IST ALLES - AUCH IM FAMILIENLEBEN

Brouwer steht wieder auf. Sie beendet ihr Studium und überredet den Vater, sich ein volles Jahr auf den Segelsport konzentrieren zu dürfen, statt sich nach dessen Willen einen »normalen« Job zu suchen. 1998 triumphiert sie bei der Laser-Radial-Weltmeisterschaft vor Travemünde, ringt die spätere britische Doppel-Olympiasiegerin Shirley Robertson nieder und dafür wird sie erstmals zur Weltseglerin des Jahres gewählt.

Aus der olympischen Solistin wird eine überzeugte Teamplayerin. Als Steuerfrau wird sie für ihr erstes Volvo Ocean Race um die Welt vor allem für die harten Südpolarmeer-Abschnitte vom Frauenteam Amer Sports Two angeheuert. Erst gegen Ende der erbarmungslosen Hatz durch die Weltmeere ist der unerfahrenen und hinterhersegelnden Mannschaft um Skipperin Lisa McDonald ein Etappen-Erfolg vergönnt. Teamkollege und Amer Sports One-Skipper Grant Dalton, heute Teamchef von Neuseelands America's-Cup-Team, hatte vor dem Rennen gewettet, dass er sich eine Ananas in den Allerwertesten stopfen würde, wenn die Frauen seine Männer-Crew auf einer Etappe schlagen würden. Den Seglerinnen gelingt der Coup. Sie kreuzen die Ziellinie der letzten Etappe nach Kiel, wo die ersten deutschen Gesamtsieger der Illbruck Challenge von Hunderttausenden Fans frenetisch gefeiert werden, vor den Männern, sind besser als ihr Boss. Grant Dalton löst seine Wette noch am Kieler Hindenburgufer ein und stapft mit einer Ananas im hinteren Hosenbund und grimmigem Grinsen ein paar trotzige Schritte auf und ab. Carolijn Brouwer hat als eine der Steuerfrauen auf »Amer Sports Two« großen Anteil an diesem kleinen Triumph für den weiblichen Segelsport. Ihre Leidenschaft für das Seesegeln ist entfacht. Ihre Erkenntnis: »Bei Olympischen Spielen bis du oftmals Einzelgänger, beim Volvo Ocean Race gehen wir füreinander durchs Feuer.«

Diverse Male tritt sie bei Olympia an, erreicht dort jedoch nie die Spitze. 2008 in Quingdao beispielsweise müssen sich sie und ihr Partner, beide Vize-Weltmeister, mit Erreichen von Platz zwölf unter Wert geschlagen geben. Olympia-Silber im Tornado gewinnt Brouwers Konkurrent und Lebensgefährte, der Australier Darren Bundock. Trotz der empfindlichen Niederlage kann sie sich für ihn freuen. Bundock ist und bleibt ein Glücksfall für die Niederländerin – im Privatleben ebenso wie für ihre Karriere. Der ruhige und humorvolle Coach der australischen Olympia-Mannschaft hat großen Anteil daran, dass seine Frau die Speerspitze weiblicher Heldentaten auf See verkörpert, denn er nimmt sich im Wechsel mit ihr bei eigenen Plänen zurück. Als sie 2011 Eltern werden, ist beiden klar, dass ihr Weg kein leichter sein wird. Heute lebt Kyle mit seinen Eltern im idyllischen Berkeley Vale bei Sydney und kennt das Leben auf zwei Kontinenten: Papas Australien und Mamas Europa. Dazu Hafenstädte und Hotelzimmer in aller Welt. Bundock hält Brouwer den Rücken frei, als sie mit den SCA-Frauen 2014/2015 im Volvo Ocean Race zum zweiten Mal die Welt umsegelt. Die Familiengründung verlangt ihr aber auch sportliche Opfer ab. Sie muss 2015 auf die große Chance eines Last-Minute-Einstiegs in die neue olympische Katamaran-Klasse Nacra 17 verzichten, obwohl ihr diese Disziplin wie keiner anderen Seglerin auf den gestählten Leib geschneidert ist. Sie aber lässt ihrem Mann den Vortritt, der um den australischen Nacra-17-Startplatz kämpft. Dass Bundock sich national nicht durchsetzen kann, hat beide geschmerzt. »Das hat leider nicht geklappt. Es war aber trotzdem an mir, Darren die Freiheit zu lassen, die er mir vorher gegeben hat.« Ihr Geschenk bekommt sie nach den Olympischen Spielen von Rio 2016 von ihrem Mann zurück. Bundock steht ihr nicht im Weg, als sie den wichtigsten Vertrag ihrer Karriere unterzeichnet und damit ihren ultimativen Gipfelsturm einläutet. »Darren hat gesagt, dass meine Augen leuchten, wenn ich vom Volvo Ocean Race spreche. Und er hat gesagt, dass wir eine Lösung dafür finden, wenn es mich glücklich macht.«

Eine neue Incentive-Regel der Volvo-Ocean-Race-Manager im Bemühen um mehr weibliche Beteiligung sorgt dafür, dass sich nahezu alle an der 13. Auflage teilnehmenden Teams zwei Seglerinnen zur Verstärkung an Bord holen. Aufgrund ihrer zuvor schon zwei absolvierten Runden um die Welt ist Brouwer gefragt. Ein erstes Angebot ihres Landsmannes Simeon Tienpont lehnt sie ab. Das Team erscheint ihr nicht stark genug. Dann kommt der Anruf von Dongfeng-Skipper Charles Caudrelier aus Frankreich. Der passt perfekt zu Brouwers Siegplan. Auch Caudrelier weiß instinktiv, dass diese Frau mit all ihrer Erfahrung und ihrem Ehrgeiz zu seinem Segelstil passen und seinen Ansprüchen gerecht werden wird. Und so kommt es.

»Ich durfte keinen Besuch haben und maximal in den Garten gehen. Meine Aufgabe: Alles aus den letzten zwei Jahren aufschreiben. Das hat mir enorm geholfen, das Verlieren zu lernen und die Spielregeln unseres Sports zu akzeptieren«

Im Gegensatz zu ihren beiden sich abwechselnden Teamkameradinnen Marie Riou und Justine Mettreaux bestreitet die standhafte Holländerin ausnahmslos alle elf Etappen und alle Hafenrennen. Fünf Kilogramm zusätzliche Muskelmasse hat sie sich über acht Monate Vorbereitungszeit in brutalen Trainingseinheiten von dem Start zugelegt – das Maximum, das ihr Körperbau erlaubt. »Danach hatte ich das gute Gefühl, es mit der ganzen Welt aufnehmen zu können, obwohl ich ja weiß, dass du mit Tag eins des Rennens anfängst deinen Körper zu zerstören.« Wofür die Qual, wofür die mentale und körperliche Achterbahnfahrt? Das habe viele Gründe, sinniert sie. Man müsse vor allem ein Abenteuer-Typ sein und die psychischen und physischen Herausforderungen lieben. Die 85.000 Kilometer um die Erde haben ihr alles abgefordert. Ihre Augen weiten sich beim Erzählen, wenn sie an das erbarmungslose Halsenduell zwischen ihrem und dem spanischen Mapfre-Team entlang der Eisgrenze im Südpolarmeer zurückdenkt. Im Dezember 2017 ringen die beiden Giganten-Teams auf der Etappe von Hongkong nach Melbourne wie Boxer miteinander. Die atemlosen Manöver im Halbstundentakt wird Brouwer nie vergessen: »Ich wusste manchmal an Deck nicht mehr, wie ich einen Fuß vor den nächsten setzen sollte.« Doch für das Team geht es immer. Irgendwie.

DIE LEBENSGEFAHR IST DER DUNKLE TEIL IHRER PASSION

Die Tiefschläge und die Höhenflüge des Rennens haben sich wie Narben in Brouwers Seele eingebrannt. Nichts hat sie so erschüttert wie der Tod John Fishers vom Team Scallywag, der im Südpolarmeer über Bord geht und verschollen bleibt. Brouwer sagt: »Sein Verlust wird immer wie eine schwarze Wolke über diesem Rennen bleiben.« Die Lebensgefahr ist der dunkle Teil ihrer Profession. An Land hält Brouwer dem nie enden wollenden Fragestrom wie ein Fels in der Brandung stand. Sie reagiert souverän auf die »Mutter-verlässt-Kind-für-Abenteuer-auf-See«-Fragen, die männliche Kollegen nie gestellt werden. Sie muss beantworten, ob es fair ist, ihr Kind für die eigenen hochgesteckten Ziele an Land zurückzulassen. Sachlich und geduldig erklärt sie, dass es wahr sei, dass ihr Sohn ein anderes Leben führe als seine

DONGFENG
zhik.
DONGFENG
RACE TEAM

Auf dem Wasser ist Caro Brouwer die Galionsfigur weiblicher Erfolge zur See, an Land liebende Mutter von Sohn Kyle und Ehefrau von Darren Bundock

Altersgenossen. Es sei aber kein schlechteres Leben. Nicht zuletzt Kyles Lehrer habe ihr Mut gemacht und sie bestärkt, die wertvollen Aspekte des extremen Lebens auf den Ozeanen zu schätzen. Kyle würde von der Horizonterweiterung profitieren und er, der Lehrer, würde sie um die Chance beneiden.

Gleichzeitig muss Brouwers Dongfeng-Team im Kampf um die Hochsee-Krone eine Reihe sportlicher Rückschläge verkraften. An der Crew nagt, dass sie bis zum legendären Schlussspurt keine Etappe gewinnen können. Vor dem letzten Sprint nach Den Haag liegt das Boot mit Brouwer trotzdem gleichauf mit den Verfolgern »Mapfre« und »Brunel«. Ein so packendes Finale hat es in der schillernden Historie des bekanntesten Mannschaftsrennens um die Welt noch nicht gegeben. Der entscheidende Zug im Dreikampf gelingt Brouwers Team. Mit einer mutigen strategischen Meisterleistung – herausragend ersonnen und geplant vom holländischen Wetter-Berater und Regatta-Superhirn Marcel van Triest – überholen die Roten ihre Rivalen im Endspurt der letzten kurzen 970-Seemeilen-Etappe von Göteborg nach Den Haag, setzen die Gegner schachmatt. Brouwer kann beim Kreuzen der Ziellinie das Fenster ihres eigenen Apartments sehen. Mehr Heimsieg geht nicht. Im Triumph jubeln ihr Zehntausende holländische Fans zu. »Sie ist die Heldin«, verneigt sich auch Konkurrent und »AkzoNobel«-Skipper Simeon Tienpont fair vor der Frau, die er so gern für sein Team gehabt hätte.

Am Abend nach dem Finale sagt Kyle zu seiner Mutter, dass das Rennen nun vorbei sei und sie nirgendwo mehr hingehen solle. Jedenfalls nicht weg von ihm. Brouwer sehnt sich selbst nach Ruhe, freut sich auf die Familienauszeit und sagt auch ihrem Mann, dass sie für mindestens zwei Monate ausspannen wolle. Der sechsmalige Weltmeister und America's-Cup-Coach des 2013 siegreichen Oracle Team USA lacht nur und sagt: »Ich gebe dir zwei Wochen …« Er behält Recht. Seine Frau ist seit dem historischen Sieg gefragter denn je, wird für ihre Leistung mit Ehrungen in aller Welt überschüttet. Fast auf den Tag genau 20 Jahre nach ihrer ersten Wahl zur Weltseglerin des Jahres wird »Carolijn die Große« erneut zur Besten ihrer Zunft gekrönt. Von ihr dürfen die Segelwelt, die Fans und auch die Ozeane in Zukunft noch einige Gipfelstürme zur See erwarten.

Carolijn Brouwer

Geboren
5. Juli 1973
Geburtsort
Leiden (Niederlande)
Wohnort
Berkeley Vale (Australien)
Beruf
Profiseglerin
Credo
»Die Ozeane sind das Schönste, was uns die Natur geschenkt hat.«

Ocean Lover

Bist Du ein Ocean Lover?

Was Heinrich Heine, Jules Verne und die Sesamstraße gemeinsam haben? Sie alle sind Ocean Lover! Mit poetischen Worten, einem kessen Lied oder einer tiefen Verneigung zollten sie den Ozeanen ihren Respekt. Und warum liebst du das Meer?

»Ich liebe das Meer wie meine Seele«

HEINRICH HEINE

»Ich liebe das Meer wie meine Seele.« So einfach wie schön hat es Dichter Heinrich Heine in den 1820er-Jahren bei seinem Aufenthalt auf Norderney formuliert. Der französische Schriftsteller Jules Verne hielt wenig später, ebenfalls im 19. Jahrhundert, fest: »Das Meer ist alles. Es bedeckt sieben Zehntel der Erde. Sein Atem ist rein und gesund.« Heute stimmt das nur noch bedingt. Vermüllung und Klimawandel bedrohen die Ozeane und damit die blaue Lunge unseres Planeten, auch wenn das nicht überall auf den ersten Blick zu sehen ist und Menschen sich nach wie vor am Meer und seinen mannigfaltigen Talenten erfreuen.

Im Entwicklungsprogramm der Vereinten Nationen für die Bereiche Klimawandel, Existenzfragen und Ozeane wurden 2017 acht gute Gründe aufgeführt, die Meere zu lieben, zu achten und zu schützen: Sie versorgen uns mit Nahrung und schützen uns vor dem Klimawandel. Sie geben uns Arbeit und erzeugen unsere Luft zum Atmen. Die Ozeane sind das Zuhause einzigartiger Kreaturen und bieten gleichzeitig Transportwege rund um die Welt. Durch den Kreislauf der Verdunstung regulieren die Meere unsere Frischwasserversorgung. Und nicht zuletzt schärfen und inspirieren sie unsere Kulturen und Traditionen. Die Essenz: Ohne Ozeane wäre alles nichts auf dieser Erde. Dass sie unser Leben auch in der Freizeit bereichern, ist die Sahne auf dem Kuchen. Und ein Grund mehr, sie zu verteidigen. Das fanden sogar die Sesamstraßen-Macher, die ihren *Love the Ocean*-Song 2017 von den »Surf-Monstern« der Kinder-Fernsehserie rocken und um Respekt für die Weltmeere werben ließen.

Respekt ist es auch, der die International Ocean Film Tour beflügelt. Respekt für die Ozeane, Respekt für ihre Bewohner und Respekt für all jene, die auf ihnen oder in ihren geheimnisvollen Tiefen ihrer Mission in Harmonie mit dem Meer folgen. Die Komposition der Beiträge für die »Ocean«, wie die Tour von ihren Machern intern liebevoll genannt wird, zeigt jedes Jahr wieder, wie unendlich viele Gesichter die See hat. Exponentiell größer ist die Anzahl ihrer Liebhaber – mit den unterschiedlichsten Triebfedern. Der eine liebt das Meer einfach, weil ihn das Rauschen und der Duft der salzigen Luft glücklich und gesund machen. Der andere, weil Wasser erfrischt. Menschen genießen das schwerelose Gefühl beim Schwimmen und Tauchen, rasante Ritte auf den nimmermüden Wellen, die Fahrt im Boot mit Wind in den Segeln oder die unverbauten Horizonte beim Blick über die glitzernde Weite. Viele umarmen das Meer, helfen, seine Biodiversität, sein Ökosystem und seine Kraft zu bewahren. Für wieder andere bedeutet das Meer schlicht Heimat und Quelle für den Lebensunterhalt. Sie alle bilden die große Familie der Ocean Lover. Bist du auch ein Teil von ihr? Dann erzähl uns deine Geschichte.

Ich bin ein Ocean Lover!

Schreib uns, warum du ein Ocean Lover bist.

Wir veröffentlichen eure schönsten Lieberklärungen ans Meer (max. 1 DIN A4-Seite oder auch nur einen Satz) in der 2. Edition dieses Bookazines 2021 und verlosen unter allen Einsendern 3 x 2 Freikarten für die stets ausverkaufte Premiere der International Ocean Film Tour 2021 in der Hamburger Laeiszhalle.
Einsendeschluss ist der 30. September 2020.
Euren Ocean Love Letter schickt an:
Delius Klasing Verlag, Stichwort: Ocean Lovers
oceanlovers@delius-klasing.de

Hannes Jaenicke

»Wir entscheiden«

Schauspieler und Umweltaktivist Hannes Jaenicke ist seit frühester Kindheit ein »Beach Bum« und ein Ocean Lover. Noch bevor er laufen konnte, krabbelte er am holländischen Ferienstrand in Domburg immer wieder in die Nordseebrandung. Bis die Lippen lila waren und die Zähne klapperten. Heute ist der Dokumentarfilmer und Wachrüttler ein engagierter Anwalt für das Element seines Lebens: Wasser!

Kein Blau, kein Grün. So einfach ist es tatsächlich: Ohne Wasser gibt es kein Leben. Warum also, fragt sich Hannes Jaenicke nicht erst seit gestern, gehen wir Menschen mit unserer Lebensquelle so sträflich um? Die Frage treibt ihn um. Und sie treibt ihn an. Zu mannigfaltigen Engagements, Auftritten, Büchern wie *Aufschrei der Meere* und eindringlichen Dokumentationen der Reihe *Im Einsatz für ...*, in denen er sich mit Vor-Ort-Reportagen für den Schutz bedrohter Arten wie Orang-Utans, Eisbären oder Haie einsetzt.

Der Deutsch-Amerikaner, der am 26. Februar 1960 in Frankfurt geboren wurde und am Ammersee ganz nah am Wasser lebt – einfach, weil er noch nie ohne sein mochte –, zählt in seiner Heimat zu den bekanntesten Schauspielern des deutschen Fernsehens. Seine Ausbildung hat er am Max-Reinhardt-Seminar in Wien absolviert, an der Wiener Opernschule und der London School of Modern Dance. Nach ersten Stationen beim Wiener Burgtheater und am Volkstheater stand er auf weiteren Bühnen, bis ihm 1984 mit dem Thriller *Abwärts* der Einstieg ins Filmgeschäft gelang. Hier war Jaenicke oft als Ermittler im Einsatz. Nach der Jahrtausendwende übertrug er diese »Mission« auch ins reale Leben. 2006 begann er mit seinem Produktionspartner Markus Strobel und dessen Ehefrau Judith Adlhoch von Tangofilm in München Umweltskandale mit direkter Auswirkung auf das Leben von Menschen aufzudecken. Sein Buch *Wut allein reicht nicht* wurde ein Bestseller. In *Die große Volksverarsche* zeigt Jaenicke auf »wie Industrie und Medien uns zum Narren halten«. Inzwischen setzt er seine Popularität und sein Wissen neben seinen Schauspiel-Engagements fast täglich im Kampf für die Umwelt, die Meere und ihre vielfach vom Aussterben bedrohten Lebewesen ein. Es geht um nicht weniger als die Enttarnung und Vermittlung der Zusammenhänge zwischen Konsumverhalten, Umweltzerstörung und Artensterben aufzuzeigen. Dabei zieht er nicht als »Mister Perfect«, aber doch als Vorbild in vielen Bereichen zu Felde. Sympathisch, dynamisch und lebensnah macht ihn, dass er eigene Schwächen unumwunden einräumt. Damit macht Jaenicke allen Mut, die (auch an ihrem Verhalten) etwas verändern wollen – es muss ja nicht gleich alles sein. Seine Überzeugung: »Wir entscheiden, ob die Zukunft unserer Gewässer rosig beziehungsweise klar blau und türkis aussieht, oder eben trübe und fäkalfarben.«

Jaenicke wirbt für umweltfreundliche Achtsamkeit und ein emissionsfreieres Leben, nicht jedoch für Totalverzicht. Er selbst ist Vielflieger, kann seinem Beruf als Schauspieler ohne Mittel- und Langstreckenflüge nicht nachgehen. Doch er sorgt für die CO_2-Kompensation, gibt bei jeder Buchung zusätzliches Geld aus, um die Emissionen auszugleichen. Sachlich rechnet er vor, dass jeder Vegetarier (er selbst ernährt sich ebenfalls so) jährlich viermal um die Erde fliegen kann und trotzdem noch einen kleineren CO_2-Fußabdruck hinterlässt als ein regelmäßiger Fleischesser.

POLITIK UND WIRTSCHAFT MÜSSEN MEHR TUN

Im Allgemeinen liegt ihm wenig daran, Menschen und ihr Umweltbewusstsein über Vergleiche besser oder schlechter aussehen zu lassen. Hannes Jaenicke kritisiert in erster Linie die beim Thema Klima- und Umweltschutz aus seiner Sicht weitgehend versagende Politik und »profitorientierte Unternehmen ohne jedes Verantwortungsgefühl«. Es regt ihn auf, dass Konzernmultis wie Coca-Cola, Procter & Gamble, Henkel oder Nestlé nicht tun, was kleinere Unternehmen längst erfolgreich schaffen; etwa die Herstellung von Plastikflaschen aus Recyclat, sprich recyceltem Altplastik. »Warum muss ein kleines Wirtschaftsunternehmen aus Mainz den Großen vormachen, wie es geht?«, fragt Jaenicke lautstark mit Verweis auf Werner & Mertz. Die 1867 als Wachswarenfabrik gegründete Firma stellt unter anderem naturbasierte Reinigungsmittel der Marke Frosch her und ist für Jaenicke ein Öko-Pionier der ersten Stunde. Auch deshalb hat der Darsteller einen Werbespot produziert, in dem er sich vom schönen Schauspiel-Prinzen in einen »Froschkönig« verwandelt und in der Rolle des »Hannes Gritzegrün« viel Humor beweist. Als Frosch-Testimonial klärt Jaenicke unter dem Titel »What the frog?« leicht und gut verständlich über Recycling auf. Genauer gesagt: über den Unterschied zwischen Downcycling und Upcycling. Ersteres bedeutet, aus alten Plastikprodukten neue herzustellen, die aber in der nächsten Runde nur noch schwer oder

> *»Wir entscheiden, ob die Zukunft unserer Gewässer rosig beziehungsweise klar blau und türkis aussieht, oder eben trübe und fäkalfarben«*

gar nicht mehr recycelbar sind und deshalb schließlich doch im Müll landen. Die Idee ist also nur halb gut. Beim Upcycling dagegen entstehen beispielsweise aus alten Plastikflaschen immer wieder neue Plastikflaschen. Was nach intensiver Forschung und Entwicklung inzwischen so effektiv funktioniert, dass Flaschen zu hundert Prozent aus Altplastik hergestellt werden können und für Verbraucher trotzdem angenehm aussehen. Womit ein funktionierender Kreislauf geschaffen wurde.

»WHAT THE FROG?«: AUFKLÄRUNG MIT HEITERER NOTE

Jaenicke hat das Drehbuch für den 3:27 Minuten langen Werbespot *Sei kein Freak, such den Frosch* selbst geschrieben und mit seinen Doku-Partnern produziert. Bei YouTube und Facebook wurde der Clip im Sommer 2019 binnen der ersten drei Monate über fünf Millionen Mal angeklickt. Damit haben der Reinigungsmittelhersteller und sein Star bewiesen, dass Recycling-Innovationen und Aufklärung durchaus unterhaltsam und effektiv sein können. Hannes Gritzegrün ist ein stromsparender und extremistisch emissionsmeidender Familienvater, ein Umweltschutz-Supermann des Alltags. Er setzt ausschließlich auf Bio-Food, bringt seine ArbeitskollegInnen stolz mit glutenfreien Dinkel-Muffins zum Würgen und hat obendrein noch das »Jommeln« erfunden – Jaenickes Wortschöpfung für die Mischung aus Joggen und Müllsammeln. Als gritzegrüner Plastikhasser geht der doppelte Hannes im Clip soweit, seiner Filmtochter die Barbie zu entreißen und seiner Gattin den Duschvorhang. Gemeinsam und sichtlich schockiert erfährt die Familie beim Nachrichtenschauen, dass es 2050 mehr Plastik als Fische in den Weltmeeren geben wird. Basis dieser Aussage ist eine Schätzung der EllenMacArthur Foundation aus dem Jahr 2016. Hannes Gritzegrün gründet deswegen im Film eine Anti-Plastik-Partei, kidnappt aus Verzweiflung über die Untätigkeit der Politik Umweltministerin »Karla Kautschuk« (gespielt von Judith Adlhoch) und sieht sich schließlich mit der Stürmung des heimischen Wohnzimmers konfrontiert, in dem sich der besorgte Vater auf einem Heimtrainer abstrampelt, um Strom für das Licht zu erzeugen. Zumindest so lange, bis ihm die Ehefrau eine Pfanne über den Schädel haut, um Schlimmeres zu verhindern. Dann der finale Schnitt und die Botschaft: »All das musst du nicht tun! Es ist ganz einfach. Wenn du etwas tun willst gegen die Umweltvermüllung, dann sei kein Freak, such den Frosch. Wie Glas, Metall und Papier ist Plastik ein Rohstoff und gehört in den Kreislauf.« Der Rest ist Produktwerbung, doch der Film hat eine übergeordnete und auf vieles übertragbare Aussage, die Jaenicke so am Herzen liegt, dass er wieder und wieder predigt: »Wenn Frosch das kann, dann können es alle. Das muss gehen. Es kostet nur Cent-Beträge mehr. Ganz offensichtlich brauchen wir dringend Gesetze, von denen wir ja ansonsten zig-Tausende haben. Wieso keine wirksamen für Umwelt, Klima- und Artenschutz?«

UMWELTKUNDE GEHÖRT ALS UNTERRICHTSFACH IN DIE SCHULE

Für Jaenicke gehören Umweltkunde und Nachhaltigkeit ab der ersten Klasse als Pflichtfach in den Schulunterricht. In Schweden und anderen Ländern sei das seit Jahren eine Selbstverständlichkeit. Dass noch immer 50 Prozent des deutschen Plastikmülls in Verbrennungsanlagen enden, hält der nimmermüde Aktivist für einen Frevel. Dass in einem Land wie Ruanda Plastiktüten seit 2007 verboten sind, in Deutschland aber noch 2018 laut Gesellschaft für Verpackungsmarktforschung rund zwei Milliarden davon verbraucht wurden, bezeichnet Jaenicke als Armutszeugnis. Auch wenn es ab 2020 normale Plastiktüten an Kassen nicht mehr geben soll. Pro Stunde gehen in Deutschland schätzungsweise 380.000 Plastikkaffeebecher über die Tresen. »Überflüssig!«, meint Jaenicke. Die Liste ließe sich noch lange fortsetzen.

Die Meere und mit ihnen ihre Bewohner drohen längst an Plastik zu ersticken. Wenn man weiß, dass eine Plastikflasche nach Informationen des Umweltbundesamtes etwa 450 Jahre braucht, bis sie im Meer abgebaut ist, dann kann man das sich immer stärker zusammenbrauende Drama mit fatalen Folgen für die Menschheit erahnen: Erst vergiften wir die Meere, dann uns selbst.

5 »gritzegrüne« alltagstaugliche To-Go-Tipps

 # 01
Verlasst euer Haus nicht ohne eigenen Kaffeebecher, Trinkflasche und Stoffbeutel

 # 02
Nutzt das strengst kontrollierte Lebensmittel Deutschlands und trinkt Leitungswasser

 # 03
Kauft weniger, aber dafür Bio, wo es geht, weil Pestizide, Herbizide, Insektizide und Fungizide aus Lebensmitteln sonst wieder im Meer landen

 # 04
Trinkt Bio- und fair gehandelten Kaffee

 # 05
Vergesst nicht, dass ihr einen Geldbeutel in der Tasche habt – und damit die Macht des Verbrauchers

Als Autor wie auch Aktivist ist Hannes Jaenicke gegen die Plastikvermüllung und für die Meere im Einsatz

»Gemeinsam haben wir die Macht, die Welt zu verändern, um zu schützen, was wir lieben und mit jedem Atemzug benötigen: das Meer«

»Egal, wo man heute am, im, auf oder unter dem Wasser ist – eine Begegnung mit Plastik ist kaum noch vermeidbar«, trauert Jaenicke. Genauso weiß er, dass es erstaunlicherweise in beliebten Tourismus-Regionen viel aufgeräumter aussieht. Das bemerkt er selbst, wenn er mit Freunden segelt, surft oder taucht. Wo Geld mit Tourismus verdient wird, seien die wirtschaftlichen Interessen eben hoch.

Ganz andere wirtschaftliche Interessen sorgten in seiner zweiten Heimat Kalifornien dafür, dass die Strände dort »unglaublich sauber« sind. Hier, so erzählt er, beginnen Obdachlose morgens um 5 Uhr damit, alles einzusammeln, was Geld bringt. Vor allem Dosen und Flaschen. In Kalifornien helfe, dass »so ziemlich alles bepfandet wird«. Für Jaenicke ist die Bepfandung die einzige Lösung, dieses Müllproblem zu beheben. Es wäre »unfassbar einfach, das auch in Deutschland umzusetzen. Bei uns aber dürfen Granini oder auch Rabenhorst auf ihren PET-Flaschen sogar damit werben, dass sie pfandfrei sind. Warum?«

»Egal, wo man heute am, im, auf oder unter dem Wasser ist – eine Begegnung mit Plastik ist kaum mehr vermeidbar«

AUFRUF ZUM MEERESSCHUTZ AUF ALLEN KANÄLEN

Mit seinen Dokumentationen will Hannes Jaenicke Menschen zum Nachdenken bringen. Manchmal gelingt ihm sogar noch mehr fürs Meer. In Folge seines Films über vom Aussterben bedrohte Haie etwa habe die Handelskette Rewe ihr Einkaufsprogramm geändert und keinen Hai mehr im Regal. »Schillerlocke ist Hai«, klärte Jaenicke als Gast in einer SWR-Talkshow 2018 auf, »die wenigsten Leute wissen, dass Hai dauernd unter falschem Namen auf der Fischtheke landet. Die teuren Fischarten sind alle so überfischt, dass natürlich jetzt die billigen Fischarten aufrücken in der Nahrungsmittelkette. Die heißen dann Steinlachs, Seestör, Karbonaden- oder Speckfisch. Kaum einer wüsste, dass sich dahinter Hai versteckt. Und das Fleisch ist teilweise hochgradig kontaminiert ...« Auch das KaDeWe in Berlin verkauft laut Jaenicke keine Haiprodukte mehr. Weder in der Lebensmittel- noch in der Kosmetikabteilung. »Da haben wir mit einem kleinen Filmchen fürs ZDF erstaunlich viel bewegen können.«

Das Meer, erinnert Jaenicke, beschenke uns nicht nur mit Lebensnotwendigkeiten und Badespaß, sondern auch mit einzigartigen Schätzen: Bernstein, Muscheln, Perlen, Ambra, Sand, Salz und mehr. »Doch wir Menschen zeigen uns erschreckend undankbar für diese Geschenke. Wir schlachten den Ozean regelrecht aus. Darüber hinaus werden Seepferdchen, Haifische, Wale und sonstige Meereswesen getötet, weil sie als vermeintliche Potenzmittel Profit bringen. Es grenzt an ein Wunder, dass das Meer den Menschen überhaupt noch so freundlich empfängt.«

Hannes Jaenicke will, dass es so bleibt. Und damit ist er nicht allein. Seine Botschaft und seine Hoffnung: »Gemeinsam haben wir die Macht, die Welt zu verändern, um zu schützen, was wir lieben und mit jedem Atemzug benötigen: das Meer.«

Ocean Lover

Hannes Jaenicke

Geboren:
26. Februar 1960
Geburtsort
Frankfurt am Main
Wohnort
Ammersee
Beruf
Schauspieler, Synchronsprecher, Buchautor
Wassersport
Segeln, Surfen, Kiten, Kajak, Tauchen
Mission
Umweltaktivist
Credo
»Ohne Wasser fühle ich mich nicht wohl.«

Boris Herrmann

» Ich bin mehr Generalist als Spezialist «

»Die Welt ist nach wie vor von fossilen Stoffen abhängig. Auch wenn du Strom anstellst oder Bahn fährst, sind fossile Brennstoffe im Spiel. Wir können nicht perfekt sein. Aber wir können so emissionsfrei wie möglich sein«

Seine Wassersportwiege ist das ostfriesische Wattenmeer, sein Arbeitsplatz sind die Weltmeere. Seine Segelleidenschaft hat er schon als kleiner Junge entdeckt. Im Teenager-Alter kam die Wettkampflust dazu, im Studium der Wirtschaftswissenschaften das wachsende Umweltbewusstsein. Weltbekannt wurde er 2019 als der Mann, der Klimaaktivistin Greta Thunberg auf seiner Rennyacht »Malizia« über den Atlantik brachte. Profisegler Boris Herrmann in der Nahaufnahme

Der Oldenburger Segelprofi Boris Herrmann ist ein geborener Ocean Lover. Jetzt strebt er dem Gipfel seiner Karriere entgegen, will als erster Deutscher an der härtesten Regatta der Welt teilnehmen. Die Vendée Globe führt ihre Herausforderer unter Segeln solo und nonstop um die Erde. Es ist die ultimative Bewährungsprobe für Mensch und Material, der sich Herrmann ab 8. November 2020 stellen will.

Auf dem Weg dahin hat er 2019 in ganz anderer Mission für weltweites Aufsehen gesorgt. Boris Herrmann ist der Mann, der gemeinsam mit seinem Co-Skipper Pierre Casiraghi aus Monaco die schwedische Umweltaktivistin Greta Thunberg, ihren Vater Svante und den Filmemacher Nathan Grossman auf dem radikalen Rennboot »Malizia« von England zum UN-Klimagipfel in New York gesegelt hat. Die Verantwortung, die populäre Gründerin der »Fridays for Future«-Schulstreik-Bewegung über den Atlantik zu bringen, hat der in Hamburg an der Elbe lebende Sportler nicht gescheut, obwohl die damals 16-jährige Schülerin bis dahin nie auch nur einen Fuß auf ein Segelboot gesetzt hatte und ihr mit dem »Malizia«-Törn der denkbar krasseste Einstieg auf einem 18 Meter langen Kohlefaser-Geschoss ohne jeden Komfort winkte.

»Man kann ihr diese Reise zumuten«, hatte Herrmann vorab dennoch gesagt und sollte recht behalten. »Das eigentliche Wunder unserer Reise war, dass Greta nicht seekrank geworden ist.« Mit der ungewöhnlichen »Taxifahrt« über den großen Teich erreichte Herrmann auch selbst eine Aufmerksamkeit, die nie zuvor einem deutschen Segler zuteil geworden war. Die *BBC*, die *New York Times*, das *Wallstreet Journal* und weitere namhafte Medien rund um die Welt berichteten über Wochen von dem Aufsehen erregenden Abenteuer. Im deutschen Fernsehen wurde die New Yorker Ankunft des ungewöhnlichen Transatlantik-Quintetts mit dem deutschen Profisegler, Fürstensohn Pierre Casiraghi und dem Thunberg-Trio über Stunden live übertragen.

Schon während des Törns waren die Atlantik- und Medienwellen hochgeschlagen. Fans und Gegner hatten das Abenteuer in den sozialen Netzwerken ausführlich kommentiert. Herrmann reflektierte die Reaktionen nach seiner Ankunft und erinnert sich: »Es gab im Prinzip fünf Kritik-Felder: Den PR-Coup und die (zu) große Verantwortung, eine Nichtseglerin auf einer Rennmaschine über den Atlantik zu segeln. Die bereits vorhandenen Team-Sponsoren, deren Logos wir allerdings für diese Reise abgenommen hatten. Dann die Rückflüge und die Herstellungsweise des Bootes, die ebenfalls eine kleine Diskussion ausgelöst hat. Da fand ich ein gutes Argument, dass beispielsweise der Chef der Werft Multiplast gesagt hat, dass ein solches Boot nach Fertigstellung erst einmal nur noch Wind zum Weiterfahren braucht. Unser Boot ist gebraucht gekauft. Und im Massenmarkt des Polyester-Bootsbaus

Dieses gut 18 Meter lange Geschoss beherrscht Boris Herrmann bei großen Einhandregatten als Solist. Unter Deck ein Blick auf die Naviationszentrale im puristischen Kohlefaserrumpf – gemütlich geht anders

WE MUST WIN
ACTION NOW!
UNITE BEHIND THE SCIENCE #FridaysForFuture

#FridaysForFuture
sForFuture
MALIZIA II
Monaco

»Die Wissenschaft ist klar. Wir müssen spätestens 2020 beginnen, die Emissionskurve steil nach unten zu biegen, wenn wir überhaupt noch eine Chance haben wollen, die globale Erwärmung der Erdatmosphäre unter 1,5 °C zu halten. Wir haben immer noch ein Zeitfenster, wenn wir die Dinge anpacken«

GRETA THUNBERG

RACE WE MUST WIN
CLIMATE ACTION NOW!
Global Climate Action
United Nations Climate Change

sind ja Recycling-Prozesse längst in Gang. Es gibt eine sehr engagierte Forschung im Bereich Bio-Komposit. Gut also, dass wir Teil dieser Diskussionen sind und weitere auslösen.«

Auf der anderen Seite gelingt es Herrmann, mit dem Thunberg-Törn ein Zeichen zu setzen – für ein Umdenken im Kampf gegen den Klimawandel. Und für ein besseres Miteinander von Mensch und Natur. »Es ist bemerkenswert, dass unsere Geschichte so symbolträchtig und historisch wahrgenommen wurde«, sagte er nach der Passage, »das Lob aus aller Welt für diese Reise war weit überwiegend. Der Zuspruch war überwältigend und ist es noch.« Herrmann sagt, dass sein Rennteam nicht ganz ohne Flüge auskäme, es aber nicht richtig sei, Greta daraus einen Vorwurf zu machen, die emissionsfrei in die USA reisen wollte und das auch getan hat. Das *Wallstreet Journal* habe die Situation treffend kommentiert: »Wenn ein Veganer Taxi fährt, kann er nicht dafür verantwortlich gemacht werden, wenn der Taxifahrer abends ein Steak isst.«

Was viele nicht wissen: Herrmann hat sein eigenes Umweltbewusstsein nicht für Greta Thunberg erfunden. Er ist damit in einem politisch lebendigen Haushalt großgeworden. Auch seine Segelleidenschaft ist von Beginn an natürlich gewachsen: Im Alter von sechs Wochen wurde er von seinen Eltern schon mit auf den familieneigenen Jollenkreuzer genommen. Gemeinsam ging man segeln, gemeinsam reiste man zu Friedensdemonstrationen. Als Schüler nahm Herrmann an Streiks gegen den Irakkrieg teil und zählte auch zu jenen, die im Wendland den Atommüll-Castor aufhalten wollten.

16 Jahre ist er alt, als er Derek Lundys packenden Segel-Bestseller *Racing the World's Most Dangerous Waters* verschlingt, der 1999 auch in Deutschland unter dem Titel *Gnadenlose See* erscheint. Das Buch malt auf Basis intensiver Gespräche mit den damaligen Teilnehmern ein eindringliches Bild der erschütternden Vendée-Auflage 1996/1997, bei der nur sechs Teilnehmer ankamen, aber neun auf teilweise hochdramatische Weise ausschieden. Der Kanadier Gerry Roufs blieb im Südpolarmeer verschollen. Der Brite Tony Bullimore kenterte im Southern Ocean, konnte aber nach fünf Tagen des Ausharrens im umgedreht in den Wellenbergen treibenden Rumpf seines Bootes von der Australischen Marine gerettet werden. Der Sieger Christophe Augin kam wie bislang bei allen acht Editionen aus Frankreich. Herrmann ist von diesem Rennen namens Vendée Globe elektrisiert. Auch wenn man es in Deutschland kaum kennt – in Frankreich werden auf diesem Kurs Nationalhelden geboren. Die Regeln sind einfach: Es geht einmal um die Welt. Ein Schiff, ein Segler oder eine Seglerin, kein Stopp, keine Hilfe von außen. Wer das Ziel zuerst erreicht, gewinnt den brutalen Meeres-Marathon. Herrmann ist angefixt, auch wenn es für ihn zu diesem Zeitpunkt noch ein langer Weg bis an die Startlinie sein wird.

DAS WEITE MEER LOCKT MEHR ALS KURZE KURSE

Aufgewachsen mit einem leidenschaftlich gern segelnden Vater, den Boris Herrmann als Bücherwurm und Autodidakten beschreibt und für den das Genießen der Natur und das Ankommen die Essenzen vieler Reisen mit dem Wanderkajak oder dem Segelboot waren, beginnt Herrmann selbst, die Weltmeere in kleinen, aber beharrlichen Schritten zu erobern. Den ersten Impressionen auf dem Bad Zwischenahner Meer und Fahrten im Revier der Ostfriesischen Inseln folgen Törns auf der Nordsee. In den Schulferien geht es hoch bis nach Stockholm. Herrmann weiß: »Das Segeln hat mir eine starke Beziehung zur Natur und Selbstvertrauen geschenkt.« Letzteres habe sich zunehmend eingestellt, als er auch selbst zu steuern begann, zunächst in der Kinderjolle Optimist, später auf größeren Booten. »Man agiert, reagiert und improvisiert, ist dabei in freier Natur auf sich gestellt. Das ist etwas ganz anderes als in der Turnhalle eine Übung einzustudieren.«

Anders als der Vater begeistert sich Boris Herrmann als junger Mann auch fürs Wettsegeln. In der anspruchsvollen Zwei-Personen-Gleitjolle 505er gewinnt er 2007 sogar eine Deutsche Meisterschaft, gilt als intelligenter und schnell lernender Steuermann. Doch das weite Meer lockt ihn mehr als die kurzen Kurse dicht unter Land. Im Versuch, diese überbordende Leidenschaft zu beschreiben, sagt er, dass man dort draußen auf einzigartige Weise eins werde mit dem Boot, dem Wind, der Natur. Ihn reizt die Klarheit der Aufgaben, die nur der Segler selbst bewältigen kann. Dabei verhehlt Herrmann nicht, dass brutalste

»Malizia«-Teamgründer, Extremsegler und Fürstensohn Pierre Casiraghi

»Ich glaube an die Sensibilisierung der Menschen in punkto des Anstiegs der globalen Treibhausgasemissionen und der Umweltverschmutzung aufgrund menschlicher Aktivitäten. Regierungen sowie internationale Institutionen davon zu überzeugen, den Schritt zu gehen und Gesetze zu verschärfen, um die Menschen und Artenvielfalt zu schützen, ist von größter Wichtigkeit für die Zukunft der Menschheit«

PIERRE CASIRAGHI

A RACE WE MUST WIN
CLIMATE ACTION NOW!

Stürme, ohnmächtige Erschöpfung, die Komplexität der hochgezüchteten und auf puristische Weise dem Leichtgewicht-Diktat bei gleichzeitig enormer Stabilität unterworfenen Kohlefaser-Rennmaschinen und Materialbrüche zur Unzeit ebenso Teil der Herausforderung sind wie Erfolge, himmelhochjauchzende Momente der Euphorie und stille glückliche Augenblicke tief empfundenen Glücks.

Drei Runden um die Welt unter Segeln hat er schon absolviert. Bislang aber noch keine davon allein. Dazu Starts bei Klassikern wie dem Mini-Transat und vielen weiteren namhaften Rennen und Rekordjagden. Er hat längst mehr als eine halbe Million Seemeilen im Kielwasser. Was ihm zugute kommt, denn der Hochseesegelsport der Solisten ist ein Erfahrungssport, in dem man, so Herrmann, oft erst im Alter von 40 Jahren sein höchstes Leistungsniveau erreiche. Den eigenen 40. Geburtstag wird der Wahl-Hamburger kurz nach Ende der neunten Vendée Globe am 28. Mai 2021 feiern.

Davor steht die härteste Aufgabe an, der er sich je gestellt hat: Die Regatta wird ihn und seine Konkurrenten erbarmungslos fordern. Auf das Rendezvous mit den Weltmeeren freut er sich, hat aber auch den notwendigen Respekt. Die Rekordzeit hat zuletzt bei der achten Vendée Globe 2016/2017 der Franzose Armel Le Cléac'h mit 74 Tagen, 3 Stunden, 35 Minuten und 46 Sekunden aufgestellt.

Boris Herrmann segelt als Speerspitze seines Teams Malizia auf Kurs Vendée Globe. Er selbst sieht sich »eher als Generalist denn als Spezialist«. Er könne »vieles gut, aber wenig perfekt«. Besonders wichtig sind ihm die Felder Navigation und Wetter – und das Team, das ihn umgibt. Dazu gehört vor allem der 2016 von Herrmanns Freund und Co-Skipper Pierre Casiraghi gegründete Rennstall Team Malizia, der zugleich das sportliche Aushängeschild des Yacht Club de Monaco ist. An Zweihand-Regatten nehmen Herrmann und Casiraghi gemeinsam teil. In die Vendée Globe aber wird Herrmann unter deutscher Flagge und mit den Monegassen als wichtigstem Partner allein starten. Trotzdem wird sein Ergebnis eine Mannschaftsleistung sein, denn beflügelt und flankiert wird der Skipper von internationalen Technikern, einer britischen Teammanagerin, Meteorologen, Pressesprecher, Foto- und Videograf sowie einer Reihe Wissenschaftler.

Ocean Lover

Boris Herrmann

Geboren
28. Mai 1981
Geburtsort
Oldenburg
Wohnort
Hamburg
Beruf
Profisegler, Autor
Credo
»Was kann es für ein größeres Risiko geben, als seinen großen Traum zu verpassen?«

»Wenn ein Veganer Taxi fährt, kann er nicht dafür verantwortlich gemacht werden, wenn der Taxifahrer abends ein Steak isst«

BORIS HERRMANN

Was auch daran liegt, dass Team Malizia mehr ist als ein reiner Profi-Rennstall. Die Gruppe steht mit ihrem Programm »My Ocean Challenge« für ein wissenschaftliches Ausbildungsprogramm für Kinder und Jugendliche. Die Initiative zur Sensibilisierung von Schülerinnen und Schülern für den Meeres- und Klimaschutz entwickelte das Team in Zusammenarbeit mit Herrmanns Lebensgefährtin, der Lehrerin Birte Lorenzen.

Immer ist dabei auch die 2015 gebaute Rennyacht »Malizia« in umweltfreundliche Maßnahmen eingebunden. Das 18 Meter lange Sportgerät erzeugt die notwendige elektrische Energie für Navigation und Kommunikation an Bord nicht erst seit dem Thunberg-Törn mit Solarpanelen, Unterwasserturbinen und Propellern am Heck. Das schwarze Geschoss ist auch für die Wissenschaft im Einsatz. Mit seiner Hilfe werden An-Bord-Messungen des CO_2- und Salz-Gehalts der Ozeane auf allen Kursen der Hochseeyacht durchgeführt und zu Forschungszwecken an wissenschaftliche Zentren wie dem Max-Planck-Institut für Meteorologie in Hamburg oder das Kieler Helmholtz-Zentrum für Meeresforschung (Geomar) weitergeleitet. Dort wird die Bedeutung der Daten vor allem im Licht der Klimaforschung und im Kampf gegen den Klimawandel genutzt. Kooperationen gibt es dazu mit der Prinz Albert II. von Monaco Stiftung. Die nicht-kommerzielle Organisation unterstützt Umweltinitiativen und Arbeiten zum Klimawandel.

Herrmanns Botschaft zu diesem Engagement ist unmissverständlich: »Der Klimawandel geht uns alle an. Wir müssen was tun.«

Die Ideen dafür brütet er unterwegs, aber auch zu Hause in seiner Wohnung in der Hamburger HafenCity oder im Büro um die Ecke aus. Seinem Element Wasser ganz nah, tankt er hier am Tor zur Welt im Zusammenleben mit Birte Lorenzen Kraft für das jeweils nächste große Abenteuer. Dass er neben dem kompromisslosen Regattasegeln auch Umweltinteressen und ganz grundsätzlich einen großen Aktivitäten-Radius hat, das sei hin und wieder ein zweischneidiges Schwert.

TRAINIERT WIRD IM »TAL DER VERRÜCKTEN«

»Mir hat auch schon mal ein potenzieller Sponsor gesagt, dass er mich nicht unterstützt, weil ich nicht fokussiert genug aufs Regattasegeln bin, zu viele andere Ideen und Pläne im Kopf habe.« Das aber riskiert er gern für seine Freiheit der Gedanken. Selbstredend ist für Herrmann Leistung wichtig, aber eben nicht um jeden Preis. Schon in seinem Studium, in dem sich der Diplom-Ökonom sechs Jahre den Wirtschaftswissenschaften gewidmet hat, war das Thema seiner Abschlussarbeit »Nachhaltiges Management«. Damals sei das allerdings noch wenig hoffähig gewesen. »Viele haben mich dafür belächelt«, erinnert sich Herrmann. Er, der als kluger Kopf auch Manager hätte werden können, hat sich bewusst für eine nicht immer leichte Karriere als Segelprofi entschieden. Die Täler der finanziellen Not und der Perspektivlosigkeit, durch die er mehr als einmal gehen musste, hat er nicht vergessen. Der Motor, immer weiter zu machen, sei der Sport selbst gewesen. »Der hat was Reines.« Anfangs sei er nie einer der Besten gewesen, machte aber die Erfahrung, »dass ich durch Training und Willen viel erreichen kann«. Beides hat ihn weit getragen.

Inzwischen ist Herrmann Hoffnungsträger, Himmelsstürmer und ein relevanter Herausforderer der französischen Seesegelelite, die ihn in ihre berühmte Trainingsgruppe mit Basiscamp in Port-La-Fôret aufgenommen hat. Im segelverliebten Frankreich nennen sie diese Wiege der französischen Seehelden auch »das Tal der Verrückten«. Obwohl die Mehrheit der hier aktiven Solosegler von ausgesprochener Klarheit des Verstandes sind. Sein für lange und zehrende Törns erforderliches Seemannsherz bringt Herrmann hierher aus der norddeutschen Heimat mit: »Es ist beim Trockenfallen im Watt, bei den Törns mit dem Vater stetig gewachsen.« Jetzt schlägt es lauter denn je für die Premiere eines deutschen Seglers bei der Vendée Globe.

International Ocean Film Tour

»Uns alle verbindet die Liebe zum Meer«

Wie die International Ocean Film Tour
binnen weniger Jahre zur größten
Meeres-Movie-Bewegung der Welt wurde

Keine Schauspieler. Keine Spezialeffekte. Keine künstlichen Kulissen. Stattdessen: Abenteurer, Extremsportler und Forscher in ihrem Element. So war es schon, als die European Outdoor Film Tour 2001 mit ihren Zooms auf außergewöhnliche Expeditionen, packende Projekte und wagemutige Menschen Erlebnisse in freier Natur auf die Leinwand brachte. Seit ihrer Premiere ist die Mutter aller Outdoor-Filmtouren beständig gewachsen. Mehr noch: Sie hat 2014 eine inzwischen selbst sehr erfolgreiche und prominente Tochter bekommen: die International Ocean Film Tour. Hinter beiden Touren – kurz EOFT und Ocean genannt – stehen mit dem Team von Moving Adventures Vollblut-Filmemacher aus München mit viel Leidenschaft für Abenteuer, Action und die Ozeane unseres blauen Planeten.

Die erste European Outdoor Film Tour hatte kurz nach der Jahrtausendwende mit Base-Jump-Thrill, die Schwerkraft außer Kraft setzenden Kletterern, einem mitreißenden Boulder-Trip um die Welt, halsbrecherischen Mountainbike-Nahaufnahmen, der Kunst der führenden Snowboard- und Ski-Eliten und der jungen Sportart Housejumping den Horizont der Fans explosionsartig erweitert. Gefeiert wurde bei der EOFT-Premiere auch ein Segeltrip der etwas anderen Art, der die verrückt anmutende Reise des 21-jährigen Norwegers Jarle Andhøy und seiner ungewöhnlichen Crew durch die gefährliche Drake-Passage dokumentierte – *Berserk in the Antartic* war einer der erfolgreichsten Filme der EOFT und motivierte die Tour-Väter in den folgenden Jahren zu immer mehr Meer. Am Ende wurde daraus 13 Jahre später die eigenständige International Ocean Film Tour. »Wir haben bei der European Outdoor Film Tour immer wieder Filme aus dem Ozeanleben mit Meereskontext gezeigt und viel Erfahrung in Tour-Aufbau und Programmzusammenstellung gesammelt. Wir hatten immer den Gedanken, eine blaue EOFT zu machen«, erinnert sich Moving-Adventures-Mitgründer und Geschäftsführer Joachim Hellinger, »das hat auch mit meiner eigenen großen Affinität zum Meer zu tun.« Hellinger ist leidenschaftlicher Wellenreiter, inhalierte schon als kleiner Junge die Filme von Ozeanforscher und Dokufilm-Pionier Jacques-Yves Cousteau. Für ihn war es nur eine Frage der Zeit und des richtigen Zeitpunkts, neben der European Outdoor Film Tour auch die International Ocean Film Tour aus der Taufe zu heben.

2013 machen die Münchner ernst, bereiten die erste Ocean Film Tour vor. Im Folgejahr gelingt mit der Premiere auf Anhieb der Durchbruch. Auch, weil der Mix von Beginn an stimmt. Freitaucher Guillaume Néry zieht die Zuschauer mit seinen künstlerisch tiefgründigen Tauchgängen in den Bann. Die Surfprofis Dave Rastovich und Craig Anderson jagen atemlose acht Tage lang der perfekten Welle hinterher. Der pensionierte Industrietaucher Ray Ives nimmt die Zuschauer mit auf seine fantastischen Schatzsuchen und die jüngste Weltumseglerin Laura Dekker sorgt mit ihrem Törn für reichlich Diskussionsstoff. »Das Eintauchen in die Meereswelt war für uns zwar Neuland«, erzählt Hellinger, »aber wir haben uns schnell zurechtgefunden, wussten bald gut, wie man schwimmen muss.« Die International Ocean Film Tour präsentiert märchenhaft anmutende Unterwasserwelten, Meeresgeschichten wie von anderen Planeten und Menschen, deren Leben durch die Ozeane geprägt wird. Und umgekehrt: Menschen, die im und für das Meer und seine Bewohner leben und handeln. Wichtig dabei von Anfang an auch der Gedanke an die Umwelt. Die Verschmutzung der Meere taucht automatisch in den Geschichten mit auf – am Rande oder auch als Hauptthema.

Auch deshalb ist ist die Ocean inzwischen viel mehr als eine Filmtour. »Wir sind zu einer Plattform geworden, auf der sich Menschen treffen, die das Meer lieben. Auf dieser Bühne bieten die Filme abenteuerliche Unterhaltung weit ab vom Alltag und rücken die Bedeutung der Meere für unsere Zukunft ins Rampenlicht. Es wird gestaunt und auch gelacht, viel nachgedacht und diskutiert«, so Hellinger.

FILMEMACHER AUS LEIDENSCHAFT – UND MIT BEHARRLICHKEIT

Die impulsgebende Moving Adventures Medien GmbH führt Joachim Hellinger mit seinen Partnern Thomas Witt und Stefan Mauerer. Hellinger selbst hatte die Filmleidenschaft schon als Schüler gepackt. Als junger Student lizensierte er in den späten 1980er-Jahren eine Filmtour aus Frankreich. »Ich habe zwei Jahre gebraucht, um die Franzosen davon zu überzeugen, dass es dafür auch in Deutschland großes Interesse

»Unser Leben und die Zukunft hängen von den Ozeanen ab. Da gibt es viel zu tun, viel zu erzählen und viel Aufmerksamkeit zu schaffen«, sagt Joachim Hellinger (l.), neben Stefan Mauerer (r.) und Thomas Witt Teil des Führungs-Trios von Moving Adventures

gibt«, erzählt Hellinger, dessen Beharrlichkeit heute auch die Helden der Filmtour kennen. Damals war er in den Boomzeiten des Surfsports, in denen Fahrer wie Robby Naish und Björn Dunkerbeck zu Weltruhm gelangten, durch Frankreich gereist, hatte früher als die meisten Deutschen neue Funsportarten im Einsatz gesehen und wollte alle diese erfrischenden Eindrücke in die deutsche Heimat holen. An der Hochschule für Fernsehen und Film beginnt der ursprüngliche Architektur-Student Hellinger, sein Film-Metier intensiv zu studieren. Mit Dreharbeiten in Kanada und Alaska erweitert er den eigenen Horizont und gründet in München die HelliVentures Filmproduktion, die bis heute Kurzfilme und Dokumentationen produziert.

2001 gründen Hellinger und Witt Moving Adventures und starten mit ihrer ersten EOFT-Filmtour durch. Witt kümmert sich um die Partner und den Aufbau, Hellinger um die Filminhalte. Das Duo recherchiert, lizensiert, co-produziert und produziert auch selbst – mit HelliVentures. »Wir haben schnell gemerkt, dass diese Form der Unterhaltung erfolgreich ist. Mit der Filmtour begann sich eine Community zu bilden, die zweieinhalb Stunden lang den Filmen uneingeschränkte Aufmerksamkeit widmet. Das ist in heutiger Zeit schon fast eine Ausnahme. Und wir stellen fest, dass die Zuschauer in Gruppen kommen. Auch das ist ein starkes Zeichen für die Bewegung, an der die Menschen ganz offenbar gemeinsam teilhaben wollen.« Interessant ist, dass sich inzwischen für beide Touren – EOFT wie Ocean – sogar mehr Frauen als Männer interessieren. 2019 hatten die weiblichen Besucher einen Anteil von 58 Prozent an der Gesamtzuschauerzahl. »Wir haben die Frauen immer im Visier gehabt«, freut sich Hellinger, »aber nicht als Quotenfrauen, sondern auch im Programm mit starken und überzeugenden Geschichten. Frauen wie die legendäre Ozeanografin Sylvia Earle, die ihr Leben der Erforschung und dem Schutz der Meere widmet. Oder Julie Gautier als faszinierende Freitaucherin und Unterwasser-Cinematografin. Die sind Teil der wachsenden Community, die wir Ocean Lovers nennen.« So begeistert, wie Hellinger von den Protagonistinnen der International Ocean Film Tour ist, so beeindruckt sind diese auch selbst. TED-Preisträgerin Dr. Sylvia Earle, Forscherin der National Geographic Society und Gründerin der Aktivistengruppe Mission Blue, sagte

Vol. 1 Maidentrip

ÜBER DEN FILM

Laura Dekker war 14 Jahre alt, als sie die Segel zu ihrer Solo-Weltumseglung in mehreren Etappen setzte. Viel zu jung für so einen gefährlichen Törn, befanden Beobachter, aufgeregte Jugendschutzorganisationen und weite Teile der holländischen und auch der internationalen Öffentlichkeit. Doch der Teenager ließ sich nicht beirren und lief am 21. August 2010 mit seiner Ketsch »Guppy« aus dem Hafen von Gibraltar aus. Nach dem ein Jahr währenden gerichtlichen Tauziehen zwischen Dekkers Vater und dem Jugendamt hatten die Behörden endlich grünes Licht dafür gegeben. 518 Tage später kehrte das auf Booten großgewordene und in Wind und Wellen ganz natürlich agierende Mädchen als jüngste Weltumseglerin in ihren Start- und Zielhafen Gibraltar zurück. Gefilmt hat sie ihren Törn des Lebens selbst, denn es war ihr *Maidentrip*, den das Publikum der International Ocean Film Tour 2014 stürmisch feierte.

Wie man auf die Idee kommt, ohne jede Vorkenntnis von Australien 3.500 Seemeilen über den Indischen Ozean nach Mauritius zu rudern? Es war das Abenteuer, das die beiden Freunde Ben Stenning und James Adair lockte

AND THAN WE SWAM

Vol.2 And Then We Swam

ÜBER DEN FILM

Wie man auf die Idee kommt, ohne jede Vorkenntnis von Australien 3.500 Seemeilen über den Indischen Ozean nach Mauritius zu rudern? Es war das Abenteuer, das die beiden Freunde Ben Stenning und James Adair lockte. Und der brennende Wunsch, allen Zweiflern zu zeigen, dass zwei ganz normale Jungs das Unmögliche möglich machen können. Nicht geplant war, dass der Veranstalter das sichernde Begleitboot kurz vor dem Start dieser Robinsonade zur See aus Kostengründen strich, die Meerwasser-Entsalzungsanlage auf dem Boot versagte, die Steueranlage brach und die Freunde ihren Wagemut kurz vor dem Ziel beinahe mit dem Leben bezahlten. Aber nur beinahe. Der Film avancierte 2015 zum Publikums-Hit der International Ocean Film Tour.

als Gastrednerin bei der Premiere der 5. Auflage in Hamburg: »Die International Ocean Film Tour ist exakt das, was wir zur Teilhabe an dem Blick darauf brauchen, was gerade mit dem Ozean geschieht. Sie kann Menschen dazu inspirieren, etwas zu tun. Denn eines ist klar: die Rettung der Ozeane und die Verbesserung des Zustandes der Welt ist ein Teamsport.«

»WIR SIND UNTERHALTUNGSEXPERTEN, ABER WIR HABEN AUCH EINE BOTSCHAFT«

In diesem Sinne verfolgt die International Ocean Film Tour längst auch eine Mission. »Natürlich sind wir Unterhaltungsexperten«, sagt Hellinger, »aber wir haben auch eine Botschaft. Wir nutzen den Unterhaltungsanteil des Programms wie ein Trojanisches Pferd, um mit jeweils mindestens einem Film ein wirklich ernsthaftes Umweltthema zu präsentieren.« So wie bei der 4. Auflage mit der Dokumentation *A Plastic Ocean*. »Damals war das Thema Plastikvermüllung der Meere für viele noch neu. Wir nehmen Lärmbelästigung unter Wasser, Fischwilderei, Überfischung und andere Themen, die unseren Meeren schaden, ins Visier. Das hat Einfluss. Wir hatten den US-Staranwalt Joel Reynolds bei uns zu Gast, der sich sehr für Umweltthemen einsetzt. Er sagte bei seinem Auftritt ›Das ist es! Erst die Menschen umarmen und dann die Botschaft formulieren!‹ Hellinger selbst hat es schon als Schulkind von Cousteau gelernt: »Du kannst nur schützen, was du liebst.«

Im Münchner Hauptquartier der Filmtour-Vordenker arbeiten inzwischen mehr als 40 Kollegen. Als dritter Geschäftsführer verstärkt seit 2018 Stefan Mauerer das Führungsteam. Der Windsurfer erster Stunde hatte seine Anteile an der von ihm mitgegründeten Werbeagentur Häberlein und Mauerer verkauft, um »noch einmal etwas ganz anderes zu machen«. Das tat er mit Leidenschaft und stieg bei Moving Adventures ein.

Wie die Tour-Spezialisten an ihre jedes Jahr wieder packenden Filme und Dokumentationen kommen, die man sich vor dem Besuch einer der vielen außergewöhnlichen Filmstätten nicht einmal mit viel Fantasie ausmalen kann? Hellinger lacht: »Wir suchen ganzjährig und sind viel im In- und Ausland unterwegs. Das haben wir von der European Outdoor Film Tour gelernt und leisten es uns. Wir besuchen Filmfestivals, korrespondieren mit Filmemachern und Produzenten. Wir suchen auch im Internet und in Katalogen. Und natürlich werden wir auch zunehmend kontaktiert.«

Welche Filme am Ende tatsächlich ins Programm kommen, bleibt in aller Regel lange offen. »Wir können und wollen nichts versprechen, weil wir am Ende immer das ins Programm nehmen, was wir ganz aktuell am besten finden – und das kann sich im wahrsten Sinne des Wortes bis zu letzten Minute ändern.« Zur Vorgehensweise erläutert der mit allen Wassern gewaschene Filmproduzent und Tour-Manager: »Wir bearbeiten viele Filme so, dass sie optimal in unser Programm passen. Wir kürzen oft und verdichten die Dramaturgie, natürlich in Absprache mit den Regisseuren und Produzenten. Dazu beschäftigen wir eine ganze Riege von Cuttern und Filmemachern.« Die Berechtigung dazu holen sich die Münchner vorab in langen Gesprächen mit den Filmemachern, die, so Hellinger, »uns inzwischen vertrauen und teilweise sogar selbst unsere Edits einsetzen. Unsere Fassung bietet dem Zuschauer oft einen anderen Zugang.«

2019 wurde die 6. Edition der International Ocean Film Tour in 15 Ländern an 300 Tagen vor vollen Häusern gezeigt. Mehr als 100.000 Zuschauer haben die Hommage an die Ozeane, ihre Bewohner und die Verneigung vor Ocean Lovers in aller Welt in mehr als 200 Städten gesehen. Alleine die Premiere in der traumhaft schönen hanseatischen Laeiszhalle wollten sich 1.300 Besucher nicht entgehen lassen. Mit 1,6 Millionen Social Media Impressions weiß die Tour ihren Reiz auch in den sozialen Netzwerken zu verbreiten. »Es hat sich noch besser entwickelt als erhofft und geplant«, freut sich Joachim Hellinger, »wir wachsen exponentiell und das Zuschauer-Potenzial ist riesig. Allerdings steht absolutes Wachstum nicht an vorderster Stelle. Für uns haben immer die inhaltliche und audiovisuelle Qualtität unseres Programms Vorrang – und die Zufriedenheit der Zuschauer. Wir wollen mit der Ocean lange bestehen bleiben und in vielen Regionen der Welt Generation für Generation inspirieren können.«

Vol. 3 The Other Shore

ÜBER DEN FILM

Diana Nyad hat sich ihren Kindheitstraum mit Mitte 60 erfüllt. Ihren Jahrzehnte alten Wunsch, einmal von Kuba durch die Floridastraße bis zum »Sunshine State« zu schwimmen, verwirklichte sie gegen jede Prognose, ohne schützenden Haikäfig und erst im fünften Kraftakt. Der Film begleitet die Unermüdliche über vier gescheiterte Versuche bis zum sehr persönlichen Triumph auf der 177 Kilometer langen Strecke von Havanna nach Key West, die aufgrund ihrer Gefahren auch als »Mount Everest der Ozeane« bekannt ist. 53 Stunden benötigte die in der Nähe von Fort Lauderdale aufgewachsene Amerikanerin für die Befriedigung ihrer seit Kindheitstagen bewahrten sportlichen Obsession. Auf ihre Frage, wo denn eigentlich dieses schöne Kuba läge, hatte die Mutter ihr im Grundschulalter geantwortet: »Es ist gleich da hinter dem Horizont. Du bist eine sehr gute Schwimmerin. Vielleicht könntest du eines Tages einfach hinschwimmen.« Diese Sätze begleiteten die erfolgreiche Langstreckenschwimmerin und Rekordjägerin, die das Meer immer als »mein Zuhause« bezeichnete, durchs gesamte Leben. Bis sie den großen Traum tatsächlich umsetzte.

ÜBER DEN FILM

Es gibt viele Gründe, an einem Segelrennen um die Welt teilzunehmen. Ramón Carlíns Motivation aber war einmalig: Der mexikanische Waschmaschinenhändler und Erfolgsunternehmer wollte mit dem Törn seines Lebens verhindern, dass sein Sohn zu früh heiratet. Dass daraus ein legendärer Sieg bei der ersten Mannschaftsregatta um die Welt erwachsen würde, haben weder er selbst noch der mitsegelnde Sprössling ahnen können. Ihr Abenteuer begann, als dem Senior bei einer Europareise eine Werbeanzeige für das neue Whitbread Round the World Race ins Auge stach, dessen Premiere 1973/1974 ausgetragen wurde. Carlín entschied sich spontan zur Teilnahme. Als erstes Crew-Mitglied sagte Sohn Enrique zu. Als Familien-Crew mit überschaubarer Profi-Unterstützung stürzten sie sich ins Abenteuer, wurden anfangs von der gestählten Konkurrenz kaum ernst genommen, wuchsen aber zusammen und über sich hinaus. Die Film-Dokumentation *The Weekend Sailor* rückt nicht nur die Leistung der Mannschaft, sondern auch Hauptakteur Ramón Carlín als sympathischen und in lebensbedrohlichen Situationen souveränen Skipper in den Mittelpunkt. Er war es, der das mexikanische Segelmärchen 1973/1974 möglich machte, an dessen Ende Tausende Zuschauer die mittelamerikanischen Außenseiter im britischen Zielhafen frenetisch feierten. Wie auch 45 Jahre später die Besucher der International Ocean Film Tour, die diesem Film den Publikumspreis verliehen.

Vol.4 The Weekend Sailor

IMMER IM MITTELPUNKT: DER MENSCH UND SEINE GESCHICHTE

Dass seinem Tour-Team irgendwann einmal die Themen ausgehen, kann sich Hellinger nicht vorstellen. »Unser Leben und die Zukunft hängen von den Ozeanen ab. Da gibt es viel zu tun, viel zu erzählen und viel Aufmerksamkeit zu schaffen.« Gefragt nach seinen »All time«-Favoriten, muss der Tour-Dirigent kurz nachdenken, weil ihm so viele einfallen: »Da war der Film *Chasing the Thunder* mit Peter Hammarstedt: eine ideale Kombination aus einem großartigen und sympathischen Protagonisten, einem sehr spannenden Plot, den leidenschaftlich für die Meere kämpfenden Menschen im Team der Sea Shepherds und ihrem Lohn für den großen Einsatz: Wann sieht man schon mal jemanden ein Millionen-Schiff versenken? Ich mochte auch *The Weekend Sailor* sehr, also jenen Film, der den ersten mexikanischen Sieger im Whitbread Round the World Race vorgestellt hat. Wahnsinnig sympathisch! Und dann dieser Rückblick in eine Zeit, die man nostalgisch verklärt … Oh, und der Beitrag *Sonic Sea,* der die steigende Unterwasser-Lärmbelästigung zum Thema macht. Der war visuell extrem stark und hat das Publikum berührt. Noch so ein Klassiker ist *And then we swam* über die beiden Engländer, die 3.500 Seemeilen von Australien über den Indischen Ozean nach Mauritius ruderten und die letzten paar Hundert Meter um ihr Leben schwammen.
Und ich erinnere mich sehr gern an die Kuba-Florida Schwimmerin Diana Nyad. Ich bin immer wieder fasziniert von Julie Gautier. Ach, ich könnte von so vielen tollen Filmen und Menschen erzählen … Es kommt immer auf den Menschen und seine Geschichte an. Dabei ist es egal, ob er oder sie Taucher, Segler, Surfer oder was auch immer sind. Entscheidend ist, dass sie alle Ocean Lover sind. Uns alle verbindet die Liebe zum Meer.«

Vol.5 The Ocean Rider

ÜBER DEN FILM

Piraten, Stürme und Schiffbruch: Yvan Bourgnon blieb bei seinem 220 Tage währenden abenteuerlichen Segeltörn um die Welt von kaum einer Katastrophe verschont. Allein und ohne schützendes Cockpit auf seinem kleinen Sportkatamaran unterwegs, der ganz und gar nicht für Törns auf hoher See konstruiert war, trotzte der Schweizer allen Widrigkeiten und schaffte die rund 30.000 Seemeilen um die Welt ohne GPS oder Autopilot. Für ihn lag der Reiz genau darin: die Herausforderung, ohne technische Hilfsmittel zu bestehen. Wie in früheren Zeiten half ihm nur ein Sextant dabei, die Position seines Bootes anhand von Sternenkonstellationen zu bestimmen. Als Bourgnon nach seiner sagenhaften Überquerung von Atlantik, Pazifik und dem Indischen Ozean im Schlussspurt vor Sri Lanka auf einen Felsen auflief, schien der Traum schon geplatzt. Doch weil ihm hilfsbereite Menschen vor Ort bei der Reparatur des Bootes halfen, konnte er seine fabelhafte Reise doch noch beenden und Höhen wie Tiefen der (Tor-)Tour später mit Hunderttausenden Filmfans teilen. Für seine bewegende Geschichte erhielt Bourgnon den Publikumspreis der International Ocean Film Tour 2018.

Piraten, Stürme und Schiffbruch: Yvan Bourgnon blieb bei seinem 220 Tage währenden abenteuerlichen Segeltörn um die Welt von kaum einer Katastrophe verschont

THE OCEAN RIDER

Vol.6 Andy Irons / Kissed By God

Andy Irons war ein begnadeter Rockstar seines Sports, Champion, liebender und lebenshungriger Ehemann, aber auch ein gepeinigter Drogensüchtiger, der unter einer bipolaren Störung litt. Gestorben ist er unter traurigen Umständen, allein und fernab der Familie in einem Hotelzimmer

ANDY IRONS / KISSED BY GOD

ÜBER DEN FILM

Den Publikumspreis der International Ocean Film Tour erhielt 2019 *Chasing the Thunder* mit Sea Shepherd Peter Hammarstedt, dem in diesem Bookazine daher ein eigenes Kapitel gewidmet ist. Wir erinnern deswegen an dieser Stelle an einen anderen bewegenden Beitrag der Filmtour 2019: Der Film *Andy Irons – Kissed by God* löste viele Diskussionen aus und bleibt unvergessen. Die bewegende Dokumentation ist dem US-amerikanischen Surfer Andy Irons gewidmet. Einerseits um die Jahrtausendwende ein begnadeter Rockstar seines Sports, Champion, liebender und lebenshungriger Ehemann, andererseits ein gepeinigter Drogensüchtiger, der unter einer bipolaren Störung litt und unter traurigen Umständen allein in einem Hotelzimmer fernab der Familie starb. Der Film erinnert an seine sportlichen Höhenflüge, seine unvergleichlichen Wellenritte, aber auch an seinen Kampf mit dem Leben. Verantwortlich für die Dokumentation zeichnet Irons Ehefrau Lyndie, Mutter des gemeinsamen Sohns Axel. Gemeinsam mit den Filmemachern Steve und Todd Jones widmete sie das Werk ihrem verstorbenen Mann: »Ich wollte seine Wahrheit erzählen.« Ihr Sohn Axel sei der Grund gewesen, dieses Filmprojekt anzugehen. Mit dem Film brach Lyndie Irons ihr langes Schweigen über die Probleme ihres Mannes und macht vielen Menschen Mut, ähnliche Krankheiten nicht zu verschweigen, sondern aktiv anzugehen.

Helfen, die Meere zu schützen

Yes, we can!

Ihr wollt, dass die Ozeane uns als blaue Lunge der Erde auch morgen noch Luft zum Atmen schenken? Ihr wünscht euch, dass die Meere als Nahrungsquelle und Naturparadiese über unsere Generation hinaus Bestand haben? Ihr möchtet euch engagieren und etwas für die Gesundheit der Weltmeere tun? Dann los!

Die Ozeane bedecken 71 Prozent unseres Planeten. Sie sind das Zuhause der Mehrheit der Lebewesen auf der Erde, regulieren unser Klima und absorbieren Kohlendioxid. Nicht nur damit verschaffen sie uns gesunde Luft zum Atmen. Darüber hinaus dienen sie Millionen von Menschen als Nahrungs- und Einnahmequelle. In anderen Worten: Die Meere sind unsere Verbündeten. Deshalb sollten auch wir die ihren sein.

Derzeit leiden rund 795 Millionen Menschen auf unserem Planeten Hunger. Wir verfügen nicht über genügend Ackerland und Süßwasser, um die bis 2050 voraussichtlich auf neun Milliarden Menschen anwachsende Erdbevölkerung zu ernähren, ohne der Natur schwere Schäden und Verluste zuzufügen. Nicht nur laut der international operierenden Organisation Oceana gibt es für das Problem aber eine Lösung: Studien zeigen, dass durch die Umsetzung besserer Bewirtschaftungsmaßnahmen der weltweite Fischfang bis zu 15 Prozent gesteigert werden könnte. Oceana ist überzeugt, dass sich die Artenvielfalt und der Reichtum der Ozeane wiederaufbauen lassen. Und das, obwohl viele Arten aufgrund der Überfischung bereits vom Aussterben bedroht und die Ozeane von Plastik verseucht sind. Die Oceana-Kampagnen heißt darum: »Save the Oceans, Feed the World.«

Gegen Überfischung, illegale Fischerei und die Vermüllung der Meere kämpfen wie Oceana viele sogenannte NGOs (dt.: Nichtregierungsorganisationen), Stiftungen und Bewegungen. Unterstützt werden sie von Wissenschaft, Forschung, Förderern und professionellen wie freiwilligen Helfern. Für das große Ziel operieren sie regional, national oder mit weltweitem Radius. Die einen mit politischer Durchschlagskraft oder als Ozean-Lobbyisten, die anderen als aktive Eingreifer im Kampf gegen illegale Aktivitäten oder als kleine und große Helfer bei Lokalprojekten. Alle verbindet das Ringen um eine bessere Zukunft für die Meere und damit für die Menschheit.

Wer selbst an Brennpunkten eingreifen will, kann beispielsweise als Meereshüter bei den Sea Shepherds seine Erfüllung finden. Die Arbeitsplatzbeschreibung für potenzielle Freiwillige liest sich auf deren Homepage ungeschönt: »Keine Bezahlung, lange Arbeitszeiten, schwere Tätigkeiten, gefährliche Arbeitsbedingungen, extremes Wetter.« Gleichzeitig gibt es von den Hütern der Ozeane mit deutschem Ableger in Bremen diese Aussicht als Garantie: »Abenteuer, Sinnerfüllung und die härteste Arbeit, die ihr jemals lieben werdet. Eine Erfahrung fürs Leben.« Im Porträt über »Sea Shepherd« Peter Hammarstedt erfahrt ihr, wie es den »Schäfern der Meere« in der rauen Realität auf der Jagd nach Kriminellen auf See tatsächlich ergehen kann. Aber auch, wie erfüllend der Einsatz an der Ozean-Front sein kann.

Der Greenpeace-Leitsatz zum Umgang mit Plastik bringt es auf den Punkt: »Refuse, Reduce, Reuse, Repurpose, Recycle«

Natürlich gibt es weit weniger gefährliche und zeitintensive Möglichkeiten, sich im Kampf für die Meere zu engagieren. Neben klassischen Spenden für eine Organisation nach Wahl können Merchandise-Produkte von Ozeanschutz-Institutionen erworben werden, in deren Kaufpreis stets ein Anteil für die Arbeit der Organisation enthalten ist. In diesem Bereich sind die NGOs inzwischen kreativer geworden – ihre Angebote gehen längst über Kaffeebecher und Kappen hinaus. Hübsche Sammelobjekte zum Verschenken hat beispielsweise die Initiative 4ocean mit einem monatlich wachsenden Angebot an unterschiedlich farbigen Armbändern entworfen. Die Armbänder werden aus Recycling-Materialien gefertigt und sind – je nach Farbe – einer bestimmten Kampagne oder dem gesamten Projekt gewidmet. Schwarz beispielsweise den Haien, Rot-Blau den Seepferden oder Weiß den

Polarbären. Die Erlöse kommen der Säuberung von Meeren und Küsten zugute.

Am einfachsten ist naturgemäß immer das eigene Anpacken: Wer mehr Müll vom Strand fortträgt als er gebracht hat (und den auch umweltverträglich entsorgt), hat schon eine gute Tat vollbracht. Zigarettenkippen gehören ebenso verantwortungsvoll entsorgt wie kaputtes Wassersportzubehör oder leere Getränkeflaschen. Und vielleicht lässt sich die nächste Urlaubsdestination in Europa ja doch einmal ohne Flieger, dafür aber mit neuem Entdeckergeist auf anderem Transportweg erreichen?

An die Macht jedes einzelnen Verbrauchers erinnert nicht nur Schauspieler und Umweltaktivist Hannes Jaenicke (siehe Porträt) nachhaltig, wenn er sagt, dass wir mit unseren Portemonnaies darüber entscheiden, was wir gutheißen und was sich (noch) verkaufen lässt. Und was eben nicht. Mit ein wenig Aufmerksamkeit lässt sich etwa der Kauf von kosmetischen Artikeln, Peelings oder Zahnpasta mit Mikroplastik-Anteilen leicht vermeiden. Es sind längst nicht mehr nur die teuren Luxusartikelhersteller, die umweltverträgliche und gleichzeitig attraktive Alltagsprodukte wie Handseifen oder Waschmittel verkaufen. Das können auch Bioläden und günstige Drogerieketten im niedrigpreisigeren Segment. Der Greenpeace-Leitsatz zum Umgang mit Plastik bringt es auf den Punkt: »Refuse, Reduce, Reuse, Repurpose, Recycle.« Je nach Einstellung und Lebensumfeld wird empfohlen, den Gebrauch von Plastik ganz zu vermeiden oder merklich zu vermindern, Plastik zumindest mehrfach zu benutzen oder den Plastikmüll sinnvoll zu recyceln.

Ein weiterer Schritt in die richtige Richtung: Im Sommer 2019 hat das EU-Parlament für ein Verbot von Wegwerfprodukten aus Plastik gestimmt. Verbannt werden sollen ab 2021 zumindest schon einmal jene Plastik-Produkte, für die es laut EU-Kommission Alternativen gibt. Dazu zählen beispielsweise Plastiktrinkhalme, Plastikbesteck und Plastikteller. Diesen Etappenerfolg haben durch ihre Arbeit viele Meeresschützer und Organisationen und damit auch ihre Mitglieder miterwirkt. Ob darunter eine Organisation ist, die Ihr im Kampf für die Ozeane unterstützen wollt, könnt Ihr beim Homepage-Check je nach euren Prioritäten herausfinden und selbst entscheiden.

Der Homepage-Check für Ocean Lover

Organisationen, die sich für die Zukunft der Ozeane engagieren

- seashepherd.org
- oceana.com
- greenpeace.de
- kueste-gegen-plastik.de
- oceancare.de
- thesharkproject.org
- beachcleaner.de
- oneearth-oneocean.com
- stiftung-meeresschutz.org
- deepwave.de
- surfrider.org
- lighthouse-foundation.org
- 4ocean.com
- nabu.de
- ozeankind.de
- whales.org
- opsociety.org
- dolphiproject.net
- projectaware.org

Faszinierende Spielstätten der Filmtour

7 »Ocean«-Perlen für Städte-Entdecker

Sieben zum Verlieben: Ihr wollt euch die 7. International Ocean Film Tour 2020 (oder auch spätere) auf keinen Fall entgehen lassen? Aber ihr träumt davon, sie einmal an einem anderen Veranstaltungsort zu erleben? Sie mit einem langgehegten Wunschtrip zu verbinden? Wir hätten da ein paar Anregungen …

Zu den Surf-Hotspots nach Genua!

Im nordwestlichen Ligurien geht die International Ocean Film Tour in Genuas Cinema Corallo vor Anker. Für deutsche Fans mit Sehnsucht nach Bella Italia ein erfrischender Anlass, ein paar der Surf-Hotspots rund um die historische Seehandelsstadt zu erkunden und zu genießen. Wellenreiten in Italien? Ja, in Italien! Denn erstaunlicherweise bietet Norditalien durchaus und vor allem in der kälteren Jahreszeit einiges Wellenreitvergnügen. Einstimmen auf die Szene kann man sich mit dem Film *Bella Vita,* der Kaliforniens und Italiens Surfkultur auf inspirierende Weise miteinander verschmelzen lässt. Wer den Film gesehen hat, wird den Song *Always Gold* von Radical Face nicht vergessen haben. Mit der Melodie im Kopf kann's losgehen. Kleine Surf-Paradiese bieten beispielsweise das eine halbe Stunde von Genua entfernt liegende Dorf Varazze oder das östlich von Genua gelegene Fischerdorf Levanto, wo es in manchen Jahren bis zu 100 Surftage zu zelebrieren gibt. Einmal vor Ort, helfen die Italiener mit Tipps für den nächsten Spot. Und wenn es dazu noch etwas Kultur sein darf: Das UNESCO Weltkulturerbe der Cinque Terre – fünf kleine malerische Dörfer – sind gleich um die Ecke.

Rund um Genua verstecken sich paradiesische Surf-Reviere

1

Hamburg, meine Perle!

2

In der traditionellen Premierenstadt der International Ocean Film Tour erwartet die kupferbehütete Laeiszhalle von 1908 ihre Besucher in alter Theaterpracht zum neuen Saisonstartschuss. Die 2.025 Plätze im Großen Saal sind hier bei der Ocean stets ausgebucht. Wer dabei sein will, wenn die Film-Protagonisten sich auf der Bühne begegnen und von ihren Abenteuern auf und vor der Leinwand live berichten, hat sich seine Karten besser schon im Vorjahr gesichert. Doch auch sonst mangelt es zwischen Elbe und Alster an Wasser wahrlich nicht. Man sagt der Hansestadt gern Understatement nach, aber mit Blick auf ihre maritime Museumswelt etwa sind für die Stadt, die mehr Brücken als Venedig hat, Superlative angebracht. Denn in der Elbmetropole ist die weltweit größte Privatsammlung von Modellschiffen im Internationalen Maritimen Museum ebenso zu Hause wie Europas größte fahrende Traditionsschiffsflotte im Oevelgönner Museumshafen, maritime Modellbaukunst auf höchstem Niveau im Miniatur Wunderland oder der Gallionsfiguren-Saal im Altonaer Museum: Keine Stadt der Welt hat in ihren Museen so viel Meer zu bieten wie Hamburg. Nicht zu vergessen das liebevoll gestaltete Auswanderer-Museum BallinStadt, das seine Besucher in die Aufbruchzeit über den großen Teich vor 100 Jahren zurückversetzt. Mit der Maritime Circle Line können viele Museen stilecht mit der Hafenbarkasse erreicht werden – ein schiffiges Wintervergnügen mit Großstadtflair. Das abgefahrenste und kleinste Hotel der Stadt ist der Hafenkran Hamburg. Das Hidaway in der HafenCity bietet in luftiger Höhe über dem Strom Platz für zwei, schlichten maritimen Luxus und eine fantastische Aussicht auf die Elbphilharmonie. Weniger kostspielig übernachten Ocean Lovers beispielsweise im Pyjama Park Hotel & Hostel Reeperbahn. Das trendige Hostel bietet minimalistisch eingerichtete Zimmer, originelle Wandbilder und eine lebhafte Bar und ist mit einem halbstündigen Spaziergang von der Laeiszhalle aus in Richtung Elbe (weitere zehn Minuten zu Fuß) zu erreichen. Zwischen den Landungsbrücken und Teufelsbrück finden sich direkt an der Elbe Restaurants, Bars und Cafés von edel bis chil-

lig, von Sterne-Küche bis Currywurst, darunter die Bar des neuen Ginn Hotel Hamburg Elbspeicher, dessen Macher mit einem besonderen Energie- und Wassersparkonzept angetreten sind, unweit des legendären Schellfischpostens. Die urige Seemannskneipe ist der Schauplatz für die Late Night Show mit der Sängerin und Kabarettistin Ina Müller. Eine sehr gute Fischküche bietet das Rive in der Van der Smissen Straße über der Elbe. Ein kleiner Ausflug in den Westen führt entlang des Flusses zur Strandperle – dem rustikalen Outdoor-Treffpunkt für Hamburger und ihre Gäste. Geöffnet ist dieses hanseatische Fleckchen Himmel auf Sand, wie man es in der Hansestadt so macht: Wenn das Wetter gut ist!

3

Vom Strandglück in Scheveningen!

Anders als imposant kann man diese großformatige Location der International Ocean Film Tour im holländischen Vorort von Den Haag nicht beschreiben. In der Lourdeskerk ist alles eine Nummer größer, auch die Akustik. Dieses großartige Haus für Pop-up-Theater, Comedy, Zirkus, Musik und ausgelassene Feste ist eine ehemalige Kirche, in die das Licht durch die Buntglasfenster hineinströmt. Am feinsandigen Scheveninger Strand gelegen, bietet die Lourdeskerk einen Platz in der ersten Reihe am Meer. Die besten Strandrestaurants reihen sich am Nordstrand entlang des neuen Boulevards, die trendigsten Beach-Clubs nördlich vom Kurhaus. Besonders charmant: Die Bora Bora Beach Bar mit offenem Feuer, chilligen Sitzecken und holländischen Strandgerichten ist ein toller Treffpunkt. Schlendert man noch etwas weiter, tauchen die Hart Beach Quicksilver Surfschool, The Shore Scheveingen und die Aloha Surfschool auf – die perfekte Gelegenheiten für einen kleinen Brett-Ausritt. Im Yachthafen, wo sich Regattasegler, Hobby-Kapitäne und Fischer tummeln, sieht man Boote satt und hört bei Drinks und Snacks in einem der Segler-Pubs die Wanten im Wind klimpern. Der Fisch auf dem Tisch kommt hier fangfrisch vom Meer. Direkten Blick auf die See genießen Übernachtungsgäste beispielsweise im kleinen schlichten Strandhotel.

Auf schwimmender Leinwand in Köln!

4

Ein echter Sommernachtstraum: Wenn die International Ocean Film Tour im Kölner Rheinauhafen zu Gast ist, schwimmt die Großbildleinwand tatsächlich auf dem Wasser. Vom Ufer aus lässt sich vor der Kulisse der illuminierten Stadt sehr atmosphärisch in die Welt der Ozeane eintauchen. Doch Köln hat seinen Ocean Lovern auch über dieses besondere Kinovergnügen hinaus Erlebenswertes. Im Herzen der Altstadt lässt sich im spektakulären 25Hours Hotel The Circle optisch außergewöhnlich übernachten und mit Blick auf die Stadt himmlisch frühstücken. »Sternenfänger« genießen ihr Dinner im mit 16 Gault & Millau-Punkten und zwei Guide-Michelin hochdekorierten Ox & Klee bei Geschmackskünstler Daniel Gottschlich im Kranhaus 1 (Im Zollhafen 18). Geht's auch weniger kostspielig? Natürlich! Zum Beispiel bei Blues und Lebensweisheiten in der original »kölschen Kneipe« namens Durst (Weidengasse 87), wo Barkeeper und Schauspieler Jürgen Reinecke oft hinter der Theke steht. Die Bar ist ein bisschen runtergekommen, aber in Künstlerkreisen sehr beliebt. Hier finden Lesungen, Videodrehs und andere Gigs statt. Nur keine Karnevalsmusik – damit werben die Macher gern. Kunstliebhaber finden direkt am Wasser ab 80 Euro fürs Doppelzimmer Unterschlupf im Art'otel. Motto: Warum ein Museum besuchen, wenn man auch in einem schlafen kann?

Die Lichtburg ist ein echtes Prachtexemplar der deutschen Kinogeschichte. Seit 90 Jahren fasziniert sie Cineasten mit grandioser Architektur, viel Atmosphäre und handverlesenen Kino-Erlebnissen – die 1920er und 1930er lassen grüßen. In Deutschlands größtem Kinosaal mit seinen 1.250 Plätzen geht die International Film Tour liebend gern an den Start. Gleichzeitig lockt Essen im Zentrum des Ruhgebiets als Binnenlandstadt mit einem fast schon erstaunlich vielseitigen Wassersportrevier. Nur rund fünf Kilometer entfernt von der Lichtburg liegt der Baldeneysee mit seinen Tauch- und Segelschulen, Bootsverleihern und Fun-Sport-Anbietern. Neugierige und Technikinteressierte sollten sich einen Besuch des Red Dot Design Museums nicht entgehen lassen: Hier verschmelzen edles Design, modernste Technik und erstaunliche Ideen miteinander zu grandiosen Entwürfen. Romantiker schauen sich das kleine Schloss Borbeck an. Es liegt in einem märchenhaft anmutenden Park und ist nicht grundlos Essens erste Adresse für Trauungen. Hungrig? Idyllisch direkt am Ufer gelegen, erfüllt die See-Bar den Traum vom kulinarischen Schwelgen am Wasser. Ungewöhnlich übernachten lässt sich im zentral in Essen befindlichen und sehr kommunikativen Unperfekthotel. Oder doch lieber ganz anders: Im Bottroper Bernepark schläft man in Das Parkhotel in früheren Abwasserrohren, die der österreichische Künstler Andreas Strauss in drei Meter lange und mit einem Durchmesser von 2,40 Metern versehene Alltagsfluchten verwandelt hat. Kosten? Die bestimmt der Gast in dieser »Ladestationen für die individuelle Energieversorgung« selbst.

5 Essen im Großformat!

Diese Filmlocation ist eine Institution: Das Wiener Gartenbaukino aus dem Jahr 1960 hat die Ausstrahlung und die Historie eines echten Premierenkinos. Bei seiner Eröffnung, darauf ist man bis heute stolz, war Kirk Douglas unter den Gästen. Mit 736 Sitzplätzen bietet es den größten Kinosaal Wiens. Die Viennale benutzt das Gartenbaukino seit 1973 als Spielstätte. Bis Anfang 1980 gab es hier sogar Modenschauen vor den Filmvorführungen. Wann immer die International Ocean Film Tour das blaue Wunder in Österreichs Hauptstadt bringt, freuen sich hier viele Fans. Wer ein wenig Zeit mitbringt, könnte am Donaukanal entlangspazieren, der den 2. vom 1. und 3. Bezirk Wiens trennt. Hier ist nicht nur ein Meer von Street Art und Graffitis zu sehen, sondern auch eine Reihe von Strandbars zu besuchen. Die Wiener mögen beispielsweise die Strandbar Herrmann. Wiener Kaffeehauskultur lässt sich am malerischen Franziskanerplatz abseits des Mainstreams inhalieren. Das Kleine Café, dort Mitte der 1970er vom Architekten Hermann Czech gestaltet, mag nicht das Sacher sein, verzaubert seine Besucher aber mit einem wie in der Zeit stehengebliebenen Flair und – von Melange bis Mehlspeisen – allen Köstlichkeiten, die einem zu Wien so einfallen. Eine ungewöhnliche Herberge für die Nacht bieten die Wiener Gästezimmer, wo Handwerkskunst ein Stilmittel ist. Neben den puristischen Zimmern werden im selben Haus auch eine Kaffeerösterei, eine Ölmühle, eine Brauerei und eine Fruchtmühle betrieben. Wer Zeit hat, plant für Wien einen Besuch im Haus des Meeres Aqua Terra Zoo am Fritz-Grünbaum-Platz 1 ein. Hier sind in einem ehemaligen Flakturm seit den späten 1950er-Jahren auf inzwischen elf Geschossebenen rund 10.000 Tiere zu Hause, darunter Haie, Rochen, Krokodile, Schildkröten und viele mehr. Ein 300.000 Liter fassendes Haibecken und ein Brandungsriff mit tropischen Fischen zwischen Korallen zählen zu den Ausstellungs-Höhepunkten.

6

Stilvoller Genuss im Wiener Gartenbaukino!

Unter Walen in Stralsund!

7

Erst Auge in Auge mit einem Blauwal, dann aus der Perspektive vom Meeresgrund aus eine Multimedia-Schau erleben, die vom Leben und den Besonderheiten der Wale, aber von ihrer Gefährdung erzählt. Das Ozeaneum Stralsund feiert die Meere als Wiege des Lebens auf sehr moderne Weise und bietet seinen Besuchern Seite an Seite mit dem Meeresmuseum überraschende An- und Einsichten. Inmitten dieser Hommage an die Ozeane lässt sich die Vorführung der International Ocean Film Tour ganz in ihrem Element und »unter Walen« genießen. Darüber hinaus gibt es in der Hansestadt am Strelasund abseits ausgetretener Touristenpfade so einige Schatzkammern zu entdecken: Im Antikspeicher Züge lässt sich auf 2.000 Quadratmetern und fünf Stockwerken in Trödel, Kitsch und Kunst, Möbeln und Schnickschnack auch nach maritimen Fundstücken stöbern. Wirklich sehens- und begehenswert ist das Heiligeistkloster mit seinem nostalgisch-charmanten Säulengang und den feinen Fachwerkfassaden. Wenn die von der Deutschen Marine ausgemusterte »Gorch Fock« an der Fährbrücke vor Anker liegt, dann ist auch die heute als Museum und Standesamt dienende einst stolze Schönheit der Meere einen Besuch wert. Den besten, selbst gerösteten Kaffee gibt es im Monopol in der Mühlenstraße, die köstlichsten Waffeln serviert das Café 66 in der Heiligeistraße 66, vegane Koch- und Backkunst bietet das Coffifee in der Fährstraße. Die leckersten Fischbrötchen der Stadt gehen am Stand »Fischkutter Milan« am Fährkanal direkt gegenüber vom Ozeaneum über den Tresen. Auch Übernachten kann man in Stralsund auf schiffige Art: beispielsweise auf einem modern-maritim eingerichteten Hausboot an der Insel Dänholm mit Blick auf den Hafen. Ein zauberhafter Ort für den Abend ist die EssBar in der Kleinschmiedstraße 22. Hier kocht Inhaberin »Gitti« Karkhof selbst, kreativ und großzügig. Und wer noch Lust und Zeit hat, der lässt sich am nächsten Tag in der Störtebeker Braumanufaktur in die Handwerkskunst des Bierbrauens einführen, denn dort sind Hopfen und Malz ganz und gar nicht verloren.

Julie Gautier

Die Poesie von Julie

La Réunion ist die Insel der Zusammenkunft. Hier, mitten im Indischen Ozean, ist Julie Gautier geboren und aufgewachsen. Als Tochter eines französischen Speerfischers und einer vietnamesischen Tanzlehrerin hat sie das Unmögliche möglich gemacht und beide Welten ihrer Eltern in sich vereint. Sie ist Unterwasser-Cinematographin, Apnoe-Taucherin und traumwandelnde Tänzerin in der Tiefe. Der Star der International Ocean Film Tour 2019 lebt mit ihrem Mann Guillaume Néry und der gemeinsamen Tochter Maï-Lou in Nizza – natürlich mit Blick aufs Meer

Ama.
So heißt der Film, mit dem Julie Gautier die Herzen des Publikums der 6. International Film Tour 2019 im Sturm eroberte. »*Ama* ist ein leiser Film, der eine Geschichte erzählt, die jeder auf seine Weise interpretieren kann, nach eigener Erfahrung. Nichts wird vorgeschlagen, nichts wird auferlegt«, erklärt Julie. »Ich wollte meinen größten Schmerz in dieser Welt in den Film stecken. Um das nicht zu brutal zu machen, habe ich ihn mit Anmut überzogen. Und damit er nicht zu schwer wird, habe ich ihn im Wasser gedreht. Ich widme diesen Film allen Frauen der Welt.« Premiere feierte das Unterwasser-Meisterwerk am Weltfrauentag, dem 8. März 2018.

Ama ist auch die japanische Bezeichnung für »Frau des Meeres«. Perlentaucherinnen werden traditionell so genannt. Sie inspirierten die am 19. November 1979 in Saint-Louis auf La Réunion geborene Julie Gautier zu ihrem einzigartigen Kurzfilm, in dem sie Regisseurin und Tänzerin zugleich ist. Die Choreografie entstand in Zusammenarbeit mit ihrer Freundin Orphélie Longuet, die wenige Monate nach der Premiere bei einem tragischen Autounfall ums Leben kam.

AMA.

Kaum jemand außer der französischen Rekord-Apnoe-Virtuosin, die das Tieftauchen und Speerfischen im Alter von elf Jahren von ihrem Vater im Indischen Ozean erlernte, hätte die Rolle in diesem puristischen und gleichzeitig tänzerisch-musikalisch opulenten Vortrag übernehmen können. Julie Gautier zieht ihre Zuschauer im tiefsten Pool der Welt im italienischen Montegrotto Terme bei Padua in ihren Bann: »Y-40 The Deep Joy« heißt das Becken, weil es 40 Meter tief ist und als Eldorado für Sport- und Apnoetaucher gilt. Es wurde erst 2014 eröffnet, ist y-förnig und verfügt über mehrere Zwischenebenen. Dass Y-40 einmal zu einer Tanzbühne werden könnte, haben seine Konstrukteure nicht ahnen können. Aber Gautiers poetische Gala auf Ebene Y-10 hat den Pool nun weltbekannt gemacht. Zweiter »Star« dieses außergewöhnlichen Tanzfilms ist die Melodie *Rain, in Your Black Eyes* vom Komponisten, Musiker und

Julie steht im Regen, während die Kamera ihren dunklen glänzenden Augen immer näher kommt

Dirigenten Ezio Bosso, der Julie Gautier mit *Ama* ein unvergessliches Gesicht gegeben hat. Mit der Luft aus nur einem einzigen Atemzug verzaubert die in ihrem Element so ausdrucksstarke Künstlerin im kurzen schwarzen Tanzkleid ihr Publikum. Sechs Minuten lang. Bossos poetisch-musikalische Liebeserklärung an den Regen scheint wie für Julie Gautier ganz persönlich geschrieben. Und so beginnt der Film auch: Julie steht im Regen, während die Kamera ihren dunklen glänzenden Augen immer näher kommt. Dann folgt ein Schnitt, und der Tanz beginnt mit der sich in zehn Metern Tiefe anmutig vom Grund erhebenden Julie. Den Ton der von ihr gewählten »Regenmusik« hat sie sich für die Performance ins Wasser legen lassen, um die Melodie beim Tanzen hören zu können. Erst 400 Sekunden später schwebt sie wieder an die Wasseroberfläche.

»Wenn ich im Wasser bin, habe ich keinen Körper und keine Grenzen«

AMA.

Das schönste Geschenk, dass die International Ocean Film Tour ihrer charismatischen Plakat-Protagonistin 2019 machte, war eine Vorführung in Nizza, wo Julie Gautier mit ihrem ebenfalls tieftauchenden Mann Guillaume Néry und der gemeinsamen, 2012 geborenen Tochter Maï-Lou lebt. »Das war wundervoll«, sagt Julie, »meine ganze Familie und all unsere Freunde konnten den Film sehen. Weil er so intim ist, war es mir wichtig, ihn persönlich mit den Menschen zu teilen.« Und das auf die Weise, die ihr am liebsten ist: ehrlich und direkt. Gautiers Filme, mit ihrem Mann oder in Eigenregie produziert, werden millionenfach geklickt. Bei Facebook hat sie fast 50.000 Follower. Aber nichts, so sagt sie, könne die echte Begegnung mit einigen Hundert Zuschauern bei einem Bühnenereignis ersetzen.

Gautier ist in der Natur aufgewachsen. Das Speerfischen bezeichnet sie als »mein kulturelles Erbe und eine Lebensart«. Es habe ihr Verhältnis zum Wasser entscheidend geprägt. »Ich bin eine Jägerin«, sagt sie, »wenn ich keine Fische jage, dann sind es Bilder.« Aus dem tieftauchenden Mädchen von La Réunion ist längst eine Filmemacherin der außergewöhnlichen Art geworden, die Geschichten erzählen und Emotionen teilen will. So wie in *Free Fall*. Mit dem gemeinsamen, bei YouTube bislang mehr als 27 Millionen Mal aufgerufenen Werk wurden Guillaume Néry und Julie Gautier 2010 zu Stars ihrer Zunft. Damals hat er sie zur ersten spektakulären Kameraarbeit ermutigt. Im Clip bewegt sich Néry an den Abgrund des legendären Dean's Blue Hole im Revier der Bahamas. Um dann auf spektakuläre Weise in den düsteren 202 Meter tiefen Schlund der zweittiefsten Unterwasserhöhle des Planeten einzutauchen. Gedreht hat die Bilder Julie Gautier – als Apnoetaucherin ohne technische Hilfsmittel für den Tauchgang.

Erstmals sind sich Guillaume Néry und Julie Gautier bei einem Wettbewerb im Jahr 2000 begegnet. Für sie war es damals ihre Premiere bei einer Tauchweltmeisterschaft, die in Nizza ausgetragen wurde. Die talentierte Julie erlitt bei einem ihrer Versuche einen sogenannten »Samba«, in dessen Verlauf sie die Kontrolle über ihre motorischen Fähigkeiten verlor. Einer der Sicherheitsbegleiter zog sie zurück an die Wasseroberfläche und in Sicherheit. Das war Guillaume Néry. Die beiden blieben in Kontakt, wurden sechs Jahre später ein Paar und wählten Nérys Nizza an der französischen Riviera als gemeinsamen Heimathafen.

Der 1982 geborene Néry ist dort aufgewachsen. Obwohl er immer das Meer vor Augen hatte, waren

»Ich bin eigentlich eher schüchtern und habe vorher nie an Land getanzt, weil ich dachte, dass ich dafür nicht gut genug bin«

es zunächst die Berge, die ihn als Wanderer, Kletterer und Fahrradfahrer in ihren Bann zogen. Nichts deutete zunächst darauf hin, dass dieser Naturbursche einmal zu den berühmtesten Freitauchern und Weltrekordhaltern seiner Zunft zählen würde.

Zwei Jahre nach Erscheinen von Luc Bessons Kultfilms *Le Grand Bleu* (dt.: *Im Rausch der Tiefe*) im Jahr 1988, in dessen Mittelpunkt das packende Duell zweier Tieftaucher steht und der die über, vor allem aber unter Wasser agierenden Akteure zu Stars ihrer Zeit macht, beflügeln die in Nizza ausgetragenen Weltmeisterschaften im Freitauchen den Bekanntheitsgrad des Sports weiter. Noch einmal zwei Jahre später gründeten die Franzosen Roland Specker, Claude Chapuis und Loïck Leferme die Vereinigung Aida International, die sich seitdem um die Regeln und Rekorde der Apnoetaucher kümmert. Als Chapuis bei der ersten Aida-WM in Nizza die Schirmherrschaft übernahm, war der damals 14 Jahre junge Guillaume Néry fasziniert von den wagemutigen Männern mit Tiefgang. Er versuchte sich selbst in der für ihn magischen Disziplin, erwies sich als höchst talentiert und gewann Leferme und Chapuis als Mentoren. Im Alter von gerade 20 Jahren stellte Guillaume Néry mit 87 Meter als jüngster Rekordhalter eine neue Weltbestmarke auf, die er bis 2015 mehrfach und schließlich bis zu 126 Meter in die Tiefe schraubte. Parallel absolvierte Néry ein Physiologie-Studium, weil er dachte, dass er vom Tauchen allein nicht würde leben können.

Seit 2006 sind Guillaume Néry und Julie Gautier zusammen. Er hat sie zu ihrer zweiten Karriere als multitalentierte Künstlerin ermutigt, die mit *Free Fall* begann und seitdem immer klarere Formen annimmt. Die gemeinsamen Projekte werden zunehmend anspruchsvoll, tragen immer auch die künstlerische Handschrift Julies. Die Musik sucht meist Guillaume aus – nach den Drehs. So entstand 2013 *Narcose*. Der Film beschäftigt sich mit Guillaumes eigenen Erfahrungen und Halluzinationen, die das Freitauchen als Nebenwirkung mit sich bringen kann. In *Ocean Gravity* demonstriert das tauchende Duo die Schwerelosigkeit unter Wasser und vergleicht sie auf entrückte Weise mit jener im All. 2015 entsteht ein Video für die Single *Running* von Naughty Boy featuring Beyoncé und Arrow Benjamin, das bei YouTube bis heute fast 400 Millionen Aufrufe verzeichnet.

AMA.

Die Idee zu ihrem bewegenden Tanzfilm kam Julie Gautier, als sie ihren Mann dabei filmte, wie er im Y-40 zu Johann Sebastian Bachs *Prelude* zur *Cello Suite Nummer 1* mit einem einzigen Atemzug auf den Grund tauchte. Dabei wirkt der Franzose beim Überwinden der verschiedenen Ebenen und Vorsprünge wie Spiderman, rennt unter Wasser, bis er am Rand der letzten langen Tauchröhre steht und sich in die Tiefe sinken lässt. Während Julie das alles wie gewohnt ohne Tauchausrüstung unter Wasser dreht, kommt ihr die Idee: »Wenn man also unter Wasser so laufen kann, dann muss man auch unter Wasser tanzen können.«

AMA.

Inzwischen haben den Film Millionen Menschen in aller Welt gesehen. Für Julie Gautier bedeutet er den vorläufigen Höhepunkt einer langen Reise zu sich

*»Wenn ich im
Wasser bin,
habe ich keinen
Körper und
keine Grenzen«*

»Ich bin im Wasser großgeworden, habe mein Leben darin verbracht. Es ist ein Teil von mir«

Julie in ihrem Element: Vom Meer kann sie nie genug bekommen

selbst. Mit der Unterwasser-Hommage an ihre zweite Leidenschaft Tanzen hat die Taucherin Julie ihre beiden Welten endlich miteinander verschmelzen können.

Im gleichen Jahr wird sie vom Marriott-Story-Booked-Projekt als Künstlerin dazu eingeladen, eine persönliche Reise zu einem Traumort ihrer Wahl zu unternehmen. Sie nimmt Kurs auf die paradiesisch anmutenden mexikanischen Cenoten. Die mit Wasser gefüllten dolinenartigen Karsttrichter, an ihren Ufern bewachsen und umrankt, erinnern an mystische Avatar-Landschaften. Von Julies Besuch entsteht ein Feature mit dem Titel *Die Seele des Tanzens in Mexikos Cenoten gefunden*. So war es tatsächlich, erzählt Julie. »Ich wollte schon sehr lange in den Cenoten tanzen. Diese Erfahrung hat mich verwandelt. Ich habe während des Tauchgangs zu meiner inneren Bewegung gefunden. Ich bin eigentlich eher schüchtern und habe vorher nie an Land getanzt, weil ich dachte, dass ich dafür nicht gut genug bin. Dort habe ich es dann vor der Kamera spontan getan.« Geholfen hat ihr dabei im Geiste Orphélie Languet, denn für Julie Gautier beinhaltete die Mexiko-Reise eine sehr persönliche und spirituelle Begegnung mit der so schmerzlich vermissten Freundin. Sie erzählt: »Ich hatte kurz vor der Reise die Nachricht von dem Tod meiner Freundin und Choreografin von *Ama* erhalten. Die Mayas sagen, dass die Cenoten der Eingang zur Unterwelt sind. Ich habe dort in der Welt zwischen Leben und Tod die Seele des Tanzes gefunden, die mich von jetzt an immer begleiten wird. Da ist etwas sehr Starkes mit mir passiert. Als ich vor der Kamera getanzt habe, war es, als sei Orphélie bei mir gewesen, als würde sie mich führen und ich improvisierte. Es liegt etwas Schönes darin, dass ein so tiefer Schmerz einen auch stärker machen kann. Wir leben in einer Gesellschaft, in der Schmerz und Leiden gern unter der Oberfläche gehalten werden. Sie sind Tabuthemen. Was traurig ist. Wer sich helfen lässt, der kann auch wachsen.« Gautier drückt ihren Schmerz und ihre Trauer über Lebensereignisse im Tanz meisterlich aus.

Dennoch führt sie abseits von ihren abenteuerlichen Einsätzen das ganz normale Leben einer Lebensgefährtin und Mutter. Am Tag des langen Interviews für *Ocean Lovers* etwa ist sie anschließend zum Café mit einer Freundin verabredet, holt danach ihre Tochter von der Schule ab und geht abends noch zum Boxtraining, das sie neuerdings für sich entdeckt hat. Besonderes Training für ihre Tauch-Einsätze brauche sie dagegen kaum: »Ich bin im Wasser großgeworden, habe mein Leben darin verbracht. Es ist ein Teil von mir. Ich gehe immer noch manchmal zum Speerfischen.«

Naturgemäß ist Julie Gautier auch eine Zeitzeugin der Vermüllung der Meere. »Wir stehen am Rande des Zusammenbruchs«, sagt sie, »wir müssen die Meere schützen. Jetzt sind wir endlich an dem Punkt angekommen, dass uns die Menschen zuhören. Der wirklich dramatische Teil der Vermüllung ist ja der, den wir nicht sehen: Mikroplastik! Es ist gruselig, und wir müssen unsere Lebensweise ändern.« Ihre eigene Familie achtet längst auf ein möglichst plastikfreies und bewusstes Leben im Einklang mit dem Meer.

Beruflich stehen Julie Gautier und Guillaume Néry heute mit ihrer Marke »Les Films Engloutis« (dt.: »Die im Meer versunkenen Filme«) für die weltweit einzigartige Umsetzung von Features, Filmen und einige sorgsam ausgewählten Werbespots unter Wasser. Die Reihe von Absagen an potenzielle Auftraggeber, die nicht ihren strengen und umweltbewussten Ansprüchen genügen, ist länger als die der übernommenen Projekte. »Manchmal rufen uns schlimme Unternehmen an und bieten riesige Geldsummen, doch wir sagen nein. Ich mache nur Werbespots und Projekte, die mein Herz berühren«, erklärt Julie Gautier unmissverständlich. Julie und Guillaume sind und bleiben Unterwasser-Geschichtenerzähler.

AMA.

Zuletzt hat Julie Gautier 2019 als Regisseurin und Kamerafrau an einem Film mitgewirkt, der Natalia Vadimovna Molchanova gewidmet ist. Die russische Freitaucherin war 2015 während einer privaten Tauchstunde nicht mehr an die Wasseroberfläche zurückgekehrt und blieb verschollen. Das Unglück der mehrfachen russischen Weltmeisterin und Rekordhalterin hat Gautier tief bewegt. Ihre Teilnahme am Filmprojekt aber sagte Julie erst nach einem Gespräch mit deren Sohn Alex zu, der den Film unterstützt. Für Julie ist es das erste Engagement bei einer Spielfilmproduktion, ein neuer Karriereschritt. Die russische Star-Taucherin kannte sie persönlich. »Sie war die

Mutter aller Freitaucher, sehr schüchtern, aber wenn sie etwas zu sagen hatte, dann waren es starke Worte. Wir haben sie geliebt.« Der Film soll 2020 Premiere feiern, ist keine reine Dokumentation des Lebens von Natalia Vadimovna Molchanova, sondern eine Adaption, inspiriert vom Leben der Tauchikone und intensiv mitgeprägt von Julie Gautiers gereifter Unterwasserkunst. Dabei bringt ihr der Einsatz als Apnoe-Kamerafrau stets auch den technischen Vorteil, dass ihre Bilder frei bleiben von den Bläschen, mit denen Kameraleute mit Sauerstoffflasche oft zu kämpfen haben.

Aktuell arbeitet Julie Gautier mit der französischen Tänzerin und Choreografin Silvie Guillem an einem großen Wasserballett. »Silvie ist eine der besten Tänzerinnen, doch sie hatte das Tanzen eigentlich schon aufgegeben, wollte sich weiterentwickeln. Dann hat sie *Ama* gesehen und gedacht, dass sie das auch machen will, weil es dem Traum aller Tänzer vom Fliegen so nahekommt. Nun arbeiten wir also zusammen.« In Frankreich bekannt als strikte »Mademoiselle Non«, weil sie mehr Angebote ablehnt als annimmt, wagt sich Silvie Guillem im Alter von über 50 Jahren noch einmal an anspruchsvolles Neuland. Besser ausgedrückt: Neuwasser. Sie, die Zeit ihres Lebens große Angst vor dem Wasser hatte, lässt sich nun von Julie Gautier in die Kunst des Tauchens einführen. Die ersten Versuche im Rahmen eines zehntägigen Trainings im Y-40 verliefen laut Julier Gautier erstaunlich vielversprechend.

Und Julie hat noch weitere unverwirklichte Träume. Einer hat mit ihrer weniger bekannten dritten Leidenschaft zu tun und überrascht: Gautier liebt Comics. Einer heißt *Les Fables Nautique* (dt.: *Die nautischen Fabeln*) und stammt aus der Feder von Illustratorin Marine Blandin. Darin wird ein auf einem alten Tierfriedhof erbautes Schwimmbad mit surrealistischer Architektur zum Schauplatz von seltsamen Geschichten und Phänomenen. Der Pool birgt viele Geheimnisse, vielleicht mit ein Grund, weshalb die Geschichte auch so gut zu Julie Gautier passt, die bereits am Drehbuch für eine Verfilmung gearbeitet, aber lange nicht mehr an dieses Projekt gedacht hat, weil zunächst ein Produzent fehlte. Im Gespräch zu *Ocean Lovers* juchzt sie fast, als ihr die alte Idee auf die Frage nach offenen Wunschprojekten wieder einfällt. Es ist also nicht ausgeschlossen, in den kommenden Jahren auch die Realisation eines Unterwasser-Comics à la Gautier zu erleben.

Ob sie in der Tiefe jemals Angst hatte? »Nein, keine Angst«, sagt sie, »aber am Ende meiner Karriere als Wettkampfsportlerin fragte ich mich, was ich da eigentlich tat und suchte. Ich bekam Selbstzweifel und die machten mir Angst. Der Sport reflektiert nicht die Beziehung, die ich zu Wasser habe. Deswegen wollte ich mich verändern, zwar meine Freitaucherfahrung weiter nutzen, sie aber anders einsetzen und lieber Geschichten erzählen.« Auch solche, wie sie sie beispielsweise beim Schwimmen mit Walen empfunden hat. »Da verstehst du plötzlich, wie klein du bist! Wale sind so anmutig, so pur. Viele Menschen weinen, wenn sie zum ersten Mal einem Wal begegnen, weil er ein Sinnbild dafür ist, wie ein Wesen auf diesem Planeten sein sollte.«

Die See, das scheint unumstößlich, wird immer Julie Gautiers Quelle der Inspiration bleiben. In ihr fühlt sie sich geborgen und genießt ein Gefühl der Freiheit, das sie sonst nirgendwo findet. Wenn sie unter Wasser tanzt oder dreht, fühlt sie sich eins mit dem Element ihres Lebens. Oder, wie sie es ausdrückt: »Wenn ich im Wasser bin, habe ich keinen Körper und keine Grenzen.«

AMA.

Ocean Lover

Julie Gautier

Geboren
19. November 1979
(Saint-Louis, Réunion)
Wohnort
Nizza
Beruf
Freitaucherin, Filmemacherin, Tänzerin
Credo
»Wasser ist ein Teil von mir.«

»Da verstehst du plötzlich, wie klein du bist! Wale sind so anmutig, so pur. Viele Menschen weinen, wenn sie zum ersten Mal einem Wal begegnen, weil er ein Sinnbild dafür ist, wie ein Wesen auf diesem Planeten sein sollte«

54

Michael February

Der fabelhafte Mister February

So elegant, so leichtfüßig und so voller Lebensfreude: Michael February ist ein Wellenreiter mit ganz eigener Handschrift. Surfen ist für den Südafrikaner in erster Linie ein Ausdruck seines Lebensstils und erst in zweiter ein Wettbewerb. Darüber hinaus schafft es der 26-Jährige beinahe spielerisch, die Grenzen zwischen Sport und Kunst durchlässig zu machen. Geerbt und erlernt hat er die Leidenschaft fürs Surfen von seinem Vater Isaac February. Der durfte zwar in seiner Jugend als schwarzer Surfer in der Apartheid-Ära viele der Surf-Spots in seiner Heimat nicht einmal ausprobieren und wurde aufgrund von Missachtung solcher Gebote sogar einmal eingesperrt. Doch seine Surf-Sehnsucht konnte nichts stoppen.

Heute ist es sein Sohn, der ohne politisch motivierte Einschränkungen die besten Wellen jagt und interpretiert. Der knapp 1,90 große Brettartist erlernte seinen Sport in den wellenreichen Spots rund um sein Zuhause in Kommetje südwestlich von Kapstadt. Seinen bislang größten Erfolg feierte der fabelhafte junge Mister February 2018 mit dem Einzug in das Qualifikationsfeld der World Surf League. Damals hatte er den Cut im Vorjahr ursprünglich um einen schmerzlichen Platz verpasst. Doch weil Anfang 2018 mit dem »weißen Blitz« Mick Fanning ein Top-Akteur überraschend von der Tour Abschied nahm, rückte February nach.

Auf der Tour gilt »Mikey« auf Anhieb als »stylischster« unter den nur acht Newcomern. Als erster schwarzer Südafrikaner in der World Surf League schreibt er Geschichte. Doch weil er in der Welle abseits vom athletisch-akkuraten Meisterschafts-Mainstream intuitiv und außergewöhnlich agiert, kämpft er noch um den Durchbruch an die Spitze. Gleichzeitig inspiriert February mit seinem Aufstieg in seiner südafrikanischen Heimat jedoch Tausende junge Surfer. Und längst finden der subtile Surfstil des langen, schlaksigen Mannes und seine entspannte Lässigkeit auch auf anderen Bühnen ihre Würdigung. Wie beispielsweise im poetischen Musik-Clip *Nü Rhythmo*, in dem Michael February zu afrikanischen Klängen seine künstlerische Surfseite zeigt. Es ist kein Wunder, dass February sich eine höhere Benotung des Surfstils auch auf der Tour wünscht. Dann wäre er schon längst einer der ganz Großen seiner Zunft.

Der Wellenfänger in seinem Element: Michael February

Ocean Lover

Michael »Mikey« February

Geboren:
17. Mai 1993
Geburts- und Wohnort
Kapstadt (Südafrika)
Beruf
Surfer
Credo
»Ich würde dem Surfsport einfach gerne meinen eigenen kleinen Stempel aufdrücken und die Leidenschaft mit den Menschen in Südafrika teilen.«

Die Ozeane als Inspiration

Kunst und Meer

Wie sich kreative Ocean Lovers vor dem Wasser unseres Lebens verneigen

No1 Musik für die Meere

Der Sänger Sting ist seit vielen Jahren ein engagierter Unterstützer der Meeresschutzorganisation Oceana und setzt sich mit seiner Musik für die Ozeane ein. So wurden beispielsweise vor einigen Jahren bei nur einer einzigen Veranstaltung mit weiteren Prominenten und Sting 750.000 US-Dollar für die Kampagne »Save the Ocean, Feed the World« gesammelt. Ein Instrumental-Klassiker von Ocean Lover Sting: *Ocean Waltz.*

www.oceana.org

No2 Skulpturen mit Seeblick

Die größten öffentlichen Skulpturen-Ausstellungen am Meer finden regelmäßig in Australien statt: Zuletzt war Sydney Ende 2019 Gastgeberin der 23. jährlich wiederkehrenden und wandernden »Sculture by the Sea«-Ausstellung, die sich vom Tamarama Beach bis zum berühmten Bondi Beach erstreckte. Drei Wochen lang konnten 100 Skulpturen von Künstlern aus Australien und aller Welt in einem zwei Kilometer langen Strandabschnitt bestaunt werden. Im März 2020 sind die imposanten Kunstwerke am Bilderbuchstrand von Cottesloe zu sehen. Weitere Termine finden sich auf der Homepage: ***www.sculpturebythesea.***

No3 Das Powerhaus am Polarkreis

Das weltweit erste Hotel mit positiver Energiebilanz soll 2023 eröffnet werden. Das Powerhaus am Polarkreis wird im norwegischen Svartisen beheimatet sein. Dort rundet sich das futuristisch anmutende Svart Hotel – Svart steht auf Norwegisch für die Farbe Schwarz – zu Füßen des Svartisen-Gletschers auf dem Wasser. Der Name ist eine Verneigung der Macher vor dem markant dunklen Gletscher. Das Hotel soll eigenständig mehr Energie produzieren, als es verbraucht und zum Symbol für nachhaltigen Tourismus werden.

www.svart.no

No4 Broken Liquid

Künstler Ben Young lebt im neuseeländischen Mount Maunganui und beschäftigt sich seit fast zwei Jahrzehnten mit Glasskulpturen. Sichtbar beeinflusst von der prächtigen Natur im Land der langen weißen Wolke und der See, spielt Young gekonnt mit persönlichen Empfindungen seiner Betrachter und beeindruckt nicht nur mit seiner Handwerkskunst, sondern auch mit der nostalgischen Note, die seine gleichzeitig modernen Werke verströmen. »Licht spielt bei der Präsentation meiner Stücke eine wichtige Rolle«, erklärt Young, »wenn sie von unten angestrahlt werden, reflektiert das Licht und ergibt die Illusion, das Werk würde zu Leben erwachen.« Ben Young, beheimatet in der Region der Bay of Plenty auf der Nordinsel, ist leidenschaftlicher Surfer und gelernter Bootsbauer. Auch diese Vorlieben schimmern bei seinen Projekten unter dem Label »Broken Liquid« immer wieder durch.

ww.brokenliquid.com

No5
Museum mit Tiefgang

Vor Lanzarote wurde mit dem Museo Atlanántico ein Unterwasser-Refugium geschaffen, an dem das Meer und seine Natur geschützt, zelebriert und bewahrt werden. Das erste Unterwasser-Museum der Welt befindet sich an der Südküste der Kanarischen Insel in der Bucht Las Coloradas. Es ist auf einer Fläche von rund 2.500 Quadratmetern für Taucher zugänglich und wurde vom britischen Künstler Jason deCaires geschaffen. Die Besonderheit: Das mit Fokus auf den Umweltschutz geschaffene Museum in der Tiefe wurde rund um ein großes, künstlich geschaffenes Riff arrangiert. Seit Versenkung der ersten Skulpturen im Jahr 2016 konnte bereits eine erhebliche Vermehrung und Zunahme der Artenvielfalt verzeichnet werden. Zu den aktuellen Besuchern zählen neben Menschen auch Engelhaie, Barrakuda-Schwärme und Sardinen. Kraken, Schwämme und gelegentlich sogar Schmetterlingsrochen schauen ebenfalls gern vorbei.

www.cactlanzarote.com

1.000 Farben Blau

Heinke Böhnert

Die Hamburger Malerin Heinke Böhnert (58) ist ein Ocean Lover seit sie denken kann. Die Künstlerin hat das Segeln schon im Alter von vier Jahren auf der Elbe vom Papa auf dem Familienboot gelernt. Die Leidenschaft ist geblieben und prägt auch ihr künstlerisches Werk. Bekannt ist Böhnert für ihre Kollagen, auf denen sie das Meer und Boote mit Fundstücken oder Teilen alter, manchmal auch sehr prominenter Segel von Weltumseglern, America's-Cup-Helden oder olympischen Medaillengewinnern kombiniert. Exklusiv für *Ocean Lovers* verzichtete die leidenschaftliche Strandgängerin auf ihre typischen Bootsmotive und malte den Ozean in Acryl so, wie sie ihn sieht: freundlich und aufregend, aber auch Respekt einflößend. »Eigentlich bin ich eher ein Ozeanbiologe«, erklärt sie und lacht, »das wollte ich mal werden, weil mich das gesamte Zusammenspiel zwischen Ozean und seinen Bewohnern fasziniert. Einfach alles, was da so kreucht und fleucht.« Was das Meer ausspuckt, sammelt die Künstlerin für ihre nächsten Bilder. Wie viele sie schon gemalt hat, weiß sie nicht. Dafür aber auf Anhieb, dass vor ihr auf dem Atelier-Tisch mindestens 15 Blautöne in Acryl zu finden sind. Manche matt, andere strahlend oder transparent. »In Wirklichkeit gibt es natürlich Tausend Blautöne«, sagt sie. In ihrer Hommage an die Ocean Lovers finden sich viele davon. Es zeigt das Meer in »schöner wie finsterer Weise, weil es beides sein kann«. Heinke Böhnert hat das Meer schon als brutal erlebt, musste in einem Sturm um Familie und Boot bangen. Sie liebt es aber auch als inspirierende Kraftquelle und Brücke zu neuen Horizonten. Das »Superblau« des Pazifiks hat es ihr besonders angetan. Ehemann Freddy Böhnert segelt gerade über mehrere Jahre und in aufregenden Etappen um die Welt. Auch die leidenschaftlich segelnden, inzwischen erwachsenen Kinder sind ebenso wie Heinke etappenweise mit von der Partie. Das Meer und der Sport - beides hat die ganze Familie in den Bann gezogen. Dabei entdeckt Heinke Böhnert begeistert immer wieder neue Blautöne ...